주식은 지식이다

허영만의 3천만원 주식에 빠지다 *1*

주식에 빠지다

허영만의 3천만원 ①
주식에 빠지다

초판 1쇄 발행 2018년 1월 2일
초판 17쇄 발행 2024년 7월 15일

지은이 허영만

펴낸이 신민식
펴낸곳 가디언
출판등록 제2010-000113호

주 소 서울시 마포구 토정로 222 한국출판콘텐츠센터 419호
전 화 02-332-4103
팩 스 02-332-4111
이메일 gadian7@naver.com

인쇄·제본 ㈜상지사P&B
종이 월드페이퍼㈜

ISBN 978-89-94909-07-3 (14320)
   978-89-94909-06-6 (세트)

이 도서의 국립중앙도서관 출판예정도서목록(CIP)은 서지정보유통지원시스템 홈페이지
(http://seoji.nl.go.kr)와 국가자료공동목록시스템(http://www.nl.go.kr/kolisnet)에서
이용하실 수 있습니다.(CIP제어번호: CIP 2017033954)

허영만의 3천만원 ①

주식에 빠지다

글·그림 허영만

가디언

주식투자를 시작하며

건강한 몸은 복리 이자를 주는 은행보다 낫다.
뛰는 놈 위에 나는 놈 있고, 나는 놈 위에 즐기는 놈 있다.
살아 있는 동안 빼앗기지 않을 것은 지식뿐이다.
청춘은 나이가 아니다. 도전을 멈추는 순간 늙은이가 된다.
재산이 많으면 근심이 늘지만 재산이 없으면 고통이 늘어난다.
우물쭈물하다간 주식도 못 해보고 인생 마감할 수 있다.
파이팅!

2017년 12월
허영만

| 차례 |

1장

우물쭈물할 시간 없다

1
살아서 움직이는 만화를 그린다

〈주의사항〉

1. 이 만화의 주식투자는 현재 상황이 아니라 연재 시점을 기준으로 2주 전의 실제 투자 현황을 바탕으로 제작되었습니다.

2. 이 만화는 투자 자문단의 주식투자 방법과 투자 철학을 만화를 통해 보여주는 것이며 주식시장의 변동성 및 자문단 각자의 전문적 지식을 독자 여러분에게 전달하는 것이기 때문에 만화에서 제공되는 투자 정보·의견은 추천이나 권고의 의미가 아니며 참고 자료일 뿐입니다. 따라서 어떠한 경우에도 독자의 투자 결과와 그 법적 책임 소재에 대한 증빙자료로 사용될 수 없습니다.

3. 이 만화의 자문단은 웹툰 배포 시점에 추천종목을 이미 보유하고 있거나, 추가 매수 또는 배포 시점 이후에 매도할 수 있습니다.

3
천
만
원

요즘 각종 매스컴에서 코스피(한국증권거래소)지수가
2,400을 넘어서자 일부에서는 3,000까지도 가능하다고 내다본다.

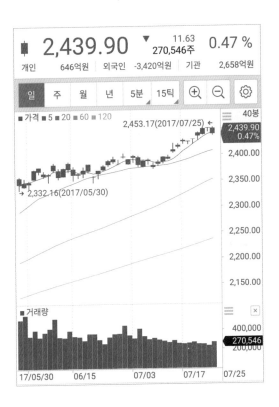

우물쭈물할 시간 없다

그러나 전체 주식 시장이 골고루 좋아진 것이 아니고
초대형주 삼성전자의 주가 상승이 시장을 주도하고 있기 때문에
소액 개미투자자들은 투자에 조심해야 한다.

사드 때문에 중국과의 관계가 아주 껄끄럽고

미국과는 사드 비용 부담과
FTA(한미자유무역협정) 재협상으로
한국은 변수가 많을 수 있다.

영국의 EU 탈퇴

오스트리아
벨기에
불가리아
키프로스
체코
덴마크
영국
에스토니아
핀란드
프랑스
독일
그리스
헝가리
아일랜드
이탈리아
라트비아
리투아니아
룩셈부르크
몰타
네덜란드
폴란드

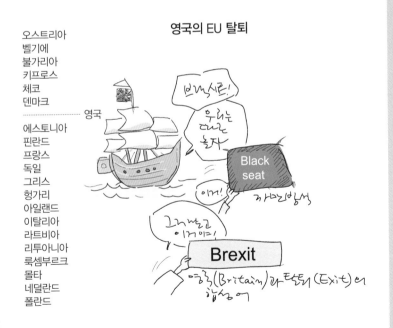

프랑스의 30대 대통령 당선 등도
영향이 있을 것이다.

국제 석유 가격의 변동도
매우 민감한 부분이다.

19대 문재인 대통령이 나타남으로써
어떤 것이 달라질 것인가.

변동의 비중이 아주 높은
북한도 빼놓을 수 없다.

이럴 때 주식 투자자들은
어떻게 대처해야 하는가?

뭐… 당연한 대답. 세 가지 중 하나다.

1. 기다린다

2. 투자한다

3. 시장을 나간다

그러나 기다리는 것도 무작정 기다릴 수 없고
투자할 곳이 있다면 정확히 짚어야 한다.

여러 가지 상황이 좋지 않을 때도
10%씩 이익을 챙기는 개투(개인투자가)도 있었다.

비 온다고 밥 안 먹나?
위험한 장사가 마진이 높다.

우물쭈물할 시간 없다

주식 경기가 나빠서 투자자들이 시장을 빠져나갈 때도
분명히 돈을 묻어둘 구멍은 있다.

나는
여기

여기다
감춰야지.

좋은 구멍은 싹수가 보인다.

구멍이 나빴으면 소식이 없다.

...

좋은 투자, 나쁜 투자는 투자자의 인생을 좌우한다.

만화가는 항상 다음에 그려야 할 소재를 찾는다.

만화가는 항상 여분의 식량(소재)을 비축해놔야 한다.
그래야 소재 고갈이 없다.

〈커피 한잔 할까요?〉를 연재 중이던 2015년 8월,
번쩍하고 머리를 스쳐간 스토리가 있었다.

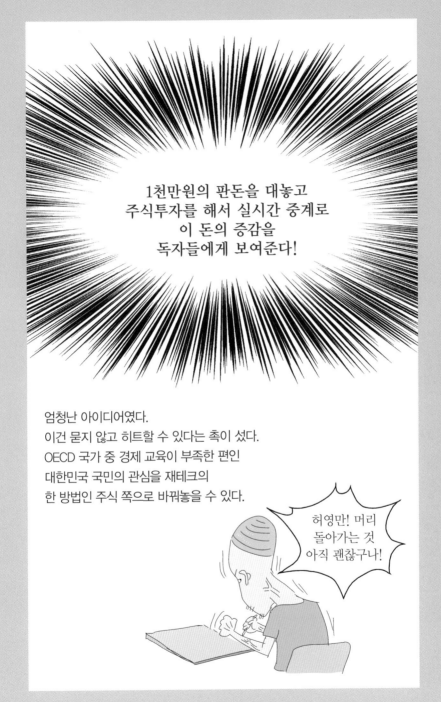

1천만원의 판돈을 대놓고
주식투자를 해서 실시간 중계로
이 돈의 증감을
독자들에게 보여준다!

엄청난 아이디어였다.
이건 묻지 않고 히트할 수 있다는 촉이 섰다.
OECD 국가 중 경제 교육이 부족한 편인
대한민국 국민의 관심을 재테크의
한 방법인 주식 쪽으로 바꿔놓을 수 있다.

허영만! 머리
돌아가는 것
아직 괜찮구나!

주식에 관한 책을 마구 읽어댔다.

《전설로 떠나는 월가의 영웅》

《인생을 바꾸는 투자의 기술》

《시장의 마법사들》

《소설로 배우는 주식투자》

《세계의 주식 부자들》

《작지만 강한 기업에 투자하라》

《왜 채권쟁이들이 주식으로 돈을 잘 벌까?》

《한국형 가치투자 전략》

《주식투자 궁금증 300문 300답》

《Value Timer의 전략적 가치투자》

《VALUE INVESTING: 가치투자》

《세계로 TV의 신가치투자로 돈 번 사람들》

《열정: 가치투자 10년의 기록》

《주식 격언으로 돈 버는 주식투자기술》

《진짜 돈 버는 대한민국 고수분석》

《한국의 주식고수들》

《한국의 슈퍼개미들》

《월스트리트의 주식투자 바이블》

《주식, 농부처럼 투자하라》

《슈퍼개미 박성득의 주식투자 교과서》

《주식투자자의 시선》

《애야, 너는 기업의 주인이다》

《워렌 버핏의 주식투자 콘서트》

《안전한 자본시장 이용법》

《고레카와 긴조: 일본 주식시장의 신》

《주식투자자라면 놓치지 말아야 할 주식 명저 15》

《주식시장 흐름 읽는 법》

《돈을 이기는 법》

《삼원금천비록》

《환율전쟁》

《현명한 투자자》

《증권 반세기》

《돈, 일하게 하라》

《가치투자의 비밀》

《거래의 신, 혼마》

《타이밍의 승부사》

개인 투자자와 기관 투자자를 만나고 다녔다.
그들의 투자금액은 엄청났다.
10억, 20억, 50억, 100억, 200억, 300억,
500억, 1천억 심지어는 1조, 10조까지

만화를 위해 주식자문단을 만들고
만화의 방향을 잡아갔다.

그때 커다란 벽이 나타났다.

앗!

아주 위험한 소재입니다.
본의든 아니든 간에 독자들을
부추겨서 투자하게 해놓고
작전세력으로 변질될 수 있지요.

그러면 허 선생도,
자문단도 구속될 수
있습니다.

갑자기 온대기후가 빙하기로 바뀌었다.

자문단도 흔들렸다.

우리는 쌀 때 사고
비쌀 때 팔아야 하는데
종목을 추천하고
매수, 매도를 하지
못하면 안 되지요.

난 회사에
소속되어 있어서…

종목 추천 전에
신고해야 하고 팔 때도
신고해야 하고…
이건 너무 어려운데요.

필자도 흔들렸다.
늘그막에 이렇게 되면 안 된다.

그 이후 주식만화는 거의 중단 상태였다.

장작이 불타다 비 맞은 꼴이었다.

그러던 어느 날!

One Day!

우물쭈물할 시간 없다

2
뒷다리 긁고 있을 시간 없다

올 초에 경제신문의 ○○증권 기사를 봤다.

○○증권은 실전주식투자대회를 9주간
개최한다. 대회 첫날부터 참여자들의
수익률 상위 종목 등 보유 종목과
매매내역을 실시간으로 공유할 수 있는
소셜트레이딩 방식의 실전투자대회이다.

이것이면 만화로 못할 것이 없는 것 아닌가!

○○증권과 미팅 약속을 했다.

우물쭈물할 시간 없다

제일 큰 문제는 시장질서교란행위방지법에 걸려서
감방에 가느냐 안 가느냐였다.

감방에 가지 않아야
만화 연재를
계속할 수 있으니까.

그동안 우리 ○○증권 법률팀이
면밀히 검토한 결과 주식 웹툰에 대한
법률적 규정이 없어서, 증권사의
일임투자 상품인 Wrap 어카운트의 경우를
준용해서 매매 2주 후에 투자 내역을
만화화하는 것이 좋을 것
같습니다.

처음에는 주식 매수,
매도 후 투자금액의 등락을
거의 실시간 중계를 해서 독자들의
시선을 잡는 것이 목표였는데
2주 후에 알려준다면…
그것도 괜찮아 보입니다.

유망한 종목의 정보를 얻어도
바로 투자하는 것이 아니라
종목 공부하고 실적 보고 전망 보고
투자를 결정하려면 2주 후가 아니라
2개월이 걸릴 수도
있다는데요 뭘…

그동안
공부해서
얻은 정보

급하게 살 경우
시장 가격을 올리면서
사야 하므로
평균 매입가가 높아진다.
《한국의 슈퍼개미들》, 정종태, 위즈덤하우스

상당수 투자자는 남들이 씨를 뿌린다는 이유로,
싸다는 이유로, 알지도 못하는 품종의
씨앗을 뿌린다.
그 씨앗 품종은 쌀일 수 있고 보리일 수 있고
잡초의 씨앗일 수도 있다.
주식투자는 봄에 모내기를 해놓고
가을에 추수하는 농부의 마음으로 해야 한다.
절대 조바심을 내지 말아야 한다.
《주식, 농부처럼 투자하라》, 박영옥, 모아북스

우물쭈물할 시간 없다

주식만화를 그리는 데 여러 가지 도움을 줄 수 있는
○○증권과의 미팅은 계속됐다.

자문단을
만들어야죠.

6, 7명쯤이면
좋겠는데.

몇 명을
모실까요?

거래하는
분들 중에서
알아보겠습니다.

자문단에
로보어드바이저★도
넣었으면 좋겠어요.

★로보어드바이저(robo advisor) :
인공지능을 이용하여 자동화된 시스템을
만들어서 자산관리와 금융서비스를 제공
하는 도구.

주의!
그래서 이 만화의 주식투자는 연재 시점을
기준으로 2주 전에 이미 벌어졌던 상황입니다.

김빠진 얘기가 아니다.
실시간 투자 권유가 나오면 성급한 독자들이
바로 베팅할 수 있는 위험을 막고,
최소한 2주쯤 기다릴 수 있도록
인내심을 키워주는 것이 이 만화이다.

우물쭈물할 시간 없다

허영만은 돌다리를 두들기다가 안 건넌다.
왜 두들기는지 잊어버린다.
행동이 신중한 것 같지만 우물쭈물이다.
평생 만화만 그렸다.
"우물쭈물하다가 이럴 줄 알았어."
버나드 쇼의 묘비명처럼 될 것이 분명하다.

시끄러!
내 나이 70이야!
우물쭈물할 시간이
어디 있어!

주식 관련 책을 읽고 취재를 하다 보니까
지금까지 여윳돈을 통장에만 넣어 놓고 있었던 나는…

깽!

젊은 세대들이 나 같은 전철을 밟지 않게 해야겠다.

우물쭈물할 시간 없다

젊은 세대들은 지금 불편한 것을 참지 못한다.
경제관념이 부족하다.
시간은 총알처럼 흘러가는데
누굴 믿고 뒷다리만 긁고 있는가.
이것이 이 만화를 시작한 이유 중 하나이다.

처음에는 이 만화를 시작하면서
주식투자 금액을 1천만원으로 했었다.

1천만원으로 정한
이유는 뭔가요?

만화 독자들 중에는
학생들도 있고 해서
1천만원이 적당할 것
같았습니다.

너무 적어요.
황제주 몇 개 사면
끝이라고요.

그 금액으로는
자문단이 할 일이
없습니다.

!

그래서 판돈을 올렸다.

3천만원!

이 돈이 바닥나면
3천만원 또 넣을게요

300000000

제발 그런일
없게 해주세요

우물쭈물할 시간 없다

솔직히 영만이도…

주식 공부를 하다 보니
막연한 자신감이 생겼다.

이걸 그냥 확 질러?

질러!
질러!

이런 양반
100% 쪽박 찬다.

공부 안 하고 달려들면 100전 100패!

책만 봤잖아.
실전과 이론은 달라.

나 공부했다니까!
문 열어!

우물쭈물할 시간 없다

주식투자 고수라도 100% 수익을 올리지 못한다.
다만 확률이 높을 뿐이다.

주식투자에는 100점짜리 가이드라인은 없다.
자신만의 비법이 있다 해도 이해시키기 어렵다.
이해했다 쳐도 투자자의 성격, 경제 사정, 사회 분위기,
가정환경 등에서 많은 영향을 받는다.

우물주물할 시간 없다

3
천
만
원

한때 수익률이 높았다고 해도
수많은 지뢰밭을 피할 수는 없다.

어릴 적 이런 게임이 있었다.
왕이 되려면 가위바위보로 맨 아래에서부터
하나씩 꺾고 올라가야 한다.

몇 번 이겼어도 한 번 지면
맨 끝에서 다시 시작해야 한다.
몰빵은 가위바위보 게임이랑 같다.

동전을 던져서 받을 때 항상 같은 면만
나오기를 기대하는 것만큼 위험하다.

새끼를 밴 저 소는
새끼를 금방 낳을 것이다.
그 새끼가 커서 또
새끼를 낳고 또… 또….

현장을 자주 찾아가서 판단한 결과
안 될 수가 없는 종목이었다.
확신에 확신을 가질 수 있었다.

내 주식 전부
담보로
레버리지★까지
내서 몰빵이닷!

★레버리지(leverage) 투자 :
보유한 자산(현금/주식)을 담보로 하여
내가 보유한 자산보다 일정 배수 이
상의 투자를 하는 방법.

그런데 임신한 소가 병들어 죽어버렸다.

아악!

우물쭈물할 시간 없다

3
투자자문단

〇〇증권의 소개로 〇〇증권 내의 성적이
상위권인 투자자를 모아 자문단을 만들었다.

우담선생
주식투자 31년
전업투자 17년

2007년 키움 실전대회 1억 리그 2위
2012년 키움 실전대회 1억 리그 2위
2014년 미래에셋 실전대회 1억 리그 2위
2014년 삼성증권 실전대회 1억 리그 1위

하웅
전업투자 18년

2008년 삼성증권 실전대회 1억 리그 3위
2010년 삼성증권 실전대회 1억 리그 3위
2011년 삼성증권 실전대회 1억 리그 1위
2014년 삼성증권 실전대회 1억 리그 4위

이성호
전업투자 15년

2011년 우리투자 실전대회 1억 리그 2위
2016년 삼성증권 실전대회 3억 리그 3위

| VIP투자자문
최준철 | 2003년 회사 설립
운용자산 1.8조원
자기자본 612억 |

| 쿼터백 자산운용 | 데이터 분석 기반의
로보투자 1위 자문사 |

처음 구상은 자문단이 각자 의견을 내고
공통분모를 찾아 투자해나갈 생각이었다.
그러나 이 방식은 A가 좋다고 추천한 종목을
B가 나쁘다고 반대의 의견을 낼 수 없는
문제가 있었다. 3천만원을 1/5로 나눠서
각자 독립 운영하는 방식으로 바꿨다.

공동 화제가 있을 때는 모두의
의견을 모으기로 했다.

우담선생

〈투자방법〉

– 시장중심투자 : 그 시대 그 시기에 가장 많이
　　　　　　　　올라가는 시장의 중심주 매수.
　　　　　　　　(대형, 중소형 관계없음)
– 선취매투자 : 뉴스, 호재를 앞두고 쌀 때 미리 산다.
– 이익실현투자 : 수익이 나는 만큼 인출하고
　　　　　　　　일정 금액으로만 투자하면서
　　　　　　　　투자역량을 늘린다.
– 원샷원킬 : 매수한 종목에서 반드시 수익을 낸다.
　　　　　　매수 종목 선정에 집중한다.

〈투자철학〉

– 계영배식 투자 : 술잔의 7할 이상을 채우면
　　　　　　　　술이 모두 흘러버린다는
　　　　　　　　계영배(戒盈杯)처럼 넘침을 경계한다.
　　　　　　　　스스로 절제. 주식투자는 '도' 닦는 일이다.

하 웅

〈투자방법〉

– 단기매매
– 당일 거래대금 상위 30위 이내
– 52주 최고가 근처거나 최고가를 갈아치운 종목 투자.

〈투자철학〉

– 주식은 종목을 사는 것이 아니라 시기를 사는 것이고
　가격을 사는 것이 아니라 때를 사는 것이다.
– 싸게 사서 비싸게 파는 것보다
　비싸게 사서 더 비싸게 파는 것이 낫다.

이성호

〈투자방법〉
모든 주가 그래프는 사람의 기본 심리인
공포, 욕심으로 인해 비슷하게 나타난다.
그래서 조정 완료된 시점의 매수급소를 찾으려고
노력하게 되는데 이것은 단기, 중기, 장기투자가
모두 비슷한 형태를 띠게 된다.
프랙털 이론처럼 작은 구조가 전체 구조와
비슷한 형태로 계속 되풀이되는 식이다.
단기투자는 분차트, 일차트를 중요하게 보고
장기투자는 일차트, 주차트를 중요하게 본다.
주식 차트에 사람의 심리를 대입해서 해석하면
사람의 본성은 크게 바뀌지 않으므로
약간의 차이만 있지, 과거와 현재가
차트로 표현되는 것은 비슷하게 보인다.

〈투자철학〉
주식투자의 수익으로 생활하는 데 쓰고
조금씩 남는다면 언젠가 부자가 된다.
그렇지만 부자가 된다고 해서
하루에 밥 다섯 끼를 먹는 게 아니다 보니
그런 것에 큰 의미는 두지 않는다.
전업투자자는 당장 눈에 보이는 것이 없으면
무시당하기 쉬워서 나도 모르게 겉치장에
신경을 많이 쓰고 살았지만,
그러지 않으려고 노력하고 있다.
당당하게 대접받고 싶다.

우물쭈물할 시간 없다

**VIP투자자문
최준철**

〈투자방법〉
– 가치투자
– 단순해서 이해하기 쉬운 사업이라도 깊이 있게
　분석한다.
　(몰라서 깨지는 가능성을 최소화한다)
– 경쟁력이 높은 기업에 투자해서
　기업가치 훼손 위험성을 낮춘다.
– 싸게 사면 실수가 손실로 이어질 확률을 낮추니까
　오해를 받거나 소외된 주식에 투자한다.
– 분산투자를 통해 주가 상승 종목이 나올 수 있는
　확률을 높인다.
– 장기투자를 통해 주가가 제자리를 찾을 수 있는
　시간을 넉넉히 부여한다.

〈가치투자 프로세스〉

아이디어 탐색 → 기준에 맞는 종목 선별 →

개별 기업 철저 분석 → 매수 → 인내 → 매도

〈투자철학〉
– 주식은 기업의 소유권이다.
– 주가는 장기적으로 기업의 내재가치에 있다.
– 인간의 미래는 불확실하고
　인간의 의식은 불완전하니
　변화에 순응한다.

**쿼터백
자산운용**

〈투자(운용)방법〉
– 전 세계 경제, 자산 가격, ETF 세부정보 등
　활용 가능한 데이터를 모델에 투입한다.
– 투입된 데이터를 통해 위험도 높은 자산군과
　낮은 자산군을 선별한다.
– 투자의사 결정은 알고리즘에 입각한
　모델 결괏값만을 통해 이루어진다.

〈투자철학〉
– 자산 배분과 위험관리에 강점을 가졌기 때문에
　데이터에 기반한 객관적인 투자를 한다.
– 안정적 수익률을 달성하기 위해
　다양한 자산에 분산투자를 통해
　포트폴리오의 전체적 변동성을 낮게 유지할 수
　있도록 한다.
– 강도 높은 사후 위험관리를 한다.

우물쭈물할 시간 없다

5월 26일 ○○증권과 미팅이 있었다.

문제가 생겼습니다.
법률적 해석을 받은 결과 자문단이
투자금을 받아서 운용하려면 자문과
일임 투자 관련 라이선스가 있어야 하는데
VIP나 쿼터백은 이미 라이선스가 있지만
개인투자자 세 명은 라이선스가 없어서
지금 상황은 불법이 됩니다.

엥!

그럼
어떻게 하죠?

자문단 각자가 자신의
돈으로 만화를 위한
계좌를 만들어 운용하면서
1주간 단위로 작가에게
결과를 알려주면 그걸
만화로 그리는 거죠.

아~ 자문단이
자기 돈으로 운용…
김이 좀 빠지네요.

할 수 없죠.
그게 최선이라면…
자문단에게 알려드리고
동의를 받아주세요.

5월 29일 ○○증권과 또 미팅

자문단 의견을
말씀드리죠.

자문단은
중장기투자도 하지만
단타 위주 투자도
많이 하니까 분초를
다투는 상황에서
계좌를 하나 더
만드는 것은
불편하다네요.

그래서 자문단이
투자할 때 좋은 종목을
작가에게 몇 개 알려주면
작가가 자신의 돈으로 직접
투자하는 방식이
제일 좋겠습니다.

내가 직접
주식 투자가가
되는 겁니까?

마누라가 걱정한 대로 발을 담그고 말았다.

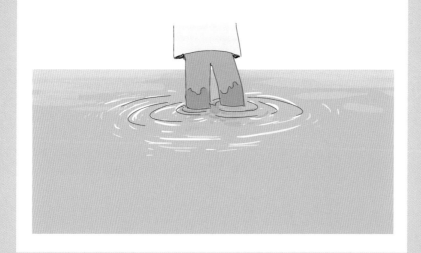

얘기했잖나!
"위험한 장사가 마진이 높다"라고!

자문단 여러분,
이 작업은 성가신
일이고 소득도
없는 일인데
발 빼지 않고
협조해주시는 것
너무 고맙습니다.

만화의 제목은 변함없이 3천만원

자문단 인원대로 5개의 계좌에 각각 600만원씩
입금하고 작가가 직접 투자 관리한다.

① 우담
선생

② 하웅

③ 이성호

④ VIP
투자자문
최준철

⑤ 쿼터백
투자자문

자문단의 종목 추천을 받아
직접 투자한 뒤 만화를 그려서
독자들에게 보여주는 건
역시 2주 후가 된다.

필자도 궁금합니다.
3천만원의 투자금이 어떻게 변할까요?

대박일까요?
쪽박일까요?

과연…

2장

투자의 시작

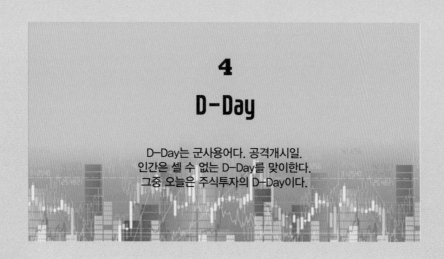

4
D-Day

D-Day는 군사용어다. 공격개시일.
인간은 셀 수 없는 D-Day를 맞이한다.
그중 오늘은 주식투자의 D-Day이다.

인간은 태어나면서부터 고민을 안고 있다.
원시시대는 짐승 한 마리가 아쉬웠을 테고.

농경시대에 접어들면서는 밭 한 뙈기가 아쉬웠을 테고.

요즘도 아쉬운 것이 한두 가지가 아닐 것이다.

게다가 지금의 20대 30대 청춘남녀들이
노년층이 되었을 때는 100세 넘긴 노인들을
심심찮게 만나게 될 것이다.

2014년 세계보건기구가 발표한
한국인의 기대수명은 81세다.

조선일보 2017.07.05

노인 빈곤율 47.7%
OECD 국가 평균 노인 빈곤율(12.1%)의 4배쯤이다.
한국의 노인 빈곤율이 높은 이유는 국민연금,
기초연금 등을 시행한 역사가 짧고 한국인의
자산 분포가 소득보다 부동산 등에 몰려 있기 때문이다.

현실은 50대에서 끝난다.

50살에 은퇴해서 100살까지 사는 방법 중
꼭 필요하다면서 내놓는 대책이란
아주 가늘게 사는 것이다.

결국 최고의 노후대책은 노후생활비를
마련하는 것이지만 그게 쉬운가.

돈 걱정에 시달리면서 보내기에는 인생이 너무 길다.

젊어서 고생은 사서 한다는 말이 있다.
그 고생도 종류가 두 가지다.

첫째는 무전여행이나 배낭여행처럼
스스로 하는 고생인데, 끝이 있다.
인생의 자산이 된다.

둘째는 가난처럼 불가피한 고생이다.
끝이 안 보일 수도 있다.
이 고통은 인생살이에 도움이 되지 않는다.
빨리 지우고 싶은 현실이다.

지게를 지고 광산에서 아르바이트하고
돈이 없어서 어머니의 집까지 팔았던 나는
현재 1,500억원 이상의 자산가가 되었다.

– 주식농부 박영옥 –

여러분이 지금 생각해야 할 것은
"10년 후에 나는 어떻게 될 것인가"이다.

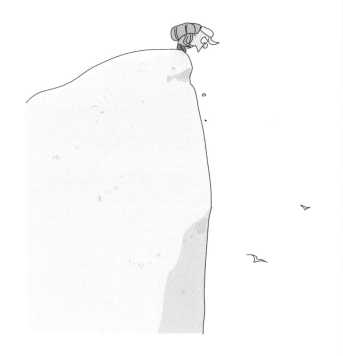

필자도 1966년 만화를 그리려고 상경해서
6개월 문하생활 중 몸담고 있던 화실이 문을 닫았다.
비 오는 여름날 응봉산 위에서 처참한 심정으로
뚝섬과 한강을 내려다본 적이 있다.
19살 때의 일이다.

부자가 되고 싶어 하는 대다수의 사람들 중
요행수를 바라면서 불평으로 인생을 허비하는
사람들이 있는가 하면 의지를 가지고 방법을 찾고
행동으로 옮기는 사람들도 있다.
행동하지 않는 욕망은 허무하다.
건강한 몸을 원하면 보약을 먹고 운동을 한다.
부자가 되려면 부자가 되기 위한 노력을 해야 한다.
돈 걱정에서 벗어나 돈으로부터 자유로워져야 한다.
그 방법 중 하나가 올바른 주식투자이다.

《돈, 일하게 하라》, 주식농부 박영옥, 프레너미

종목 매매 들어갑니다.
7월 31일(월) ~ 8월 4일(금)

7월 31일(월)

VIP자문
최준철

제주항공과 SK가스 추천합니다.

어서오세요.
1번 타자입니다.
투자 이유는요?

제주항공은 저비용항공사 1위 업체로서
좋은 비용구조를 갖추고 있으며 아웃바운드
해외여행 수요 증가(특히 일본)의
수혜를 받고 있음. 최근 유가 상승으로
주가가 주춤한 이때가 매수 적기.

SK가스는 국내 LPG 유통의 과점 업체로
미국 셰일가스로 경쟁력이 생긴 LPG를
석유화학 쪽으로 용처를 확대하여
매출과 이익이 성장 중. 보유자산도 많고
절대적으로 저평가된 상태.
경영진의 퀄리티도 높음.

각 100만원씩 매수.

접수!

제주항공 36,050원 X 27주 = 973,350원
SK가스 114,000원 X 8주 = 912,000원

매수 완료!
(잔액 4,114,650원)

제주항공은?
애경그룹 계열의 국내 저가항공사.
2005년 8월 25일 면허 취득 후 국내 및 국제
항공여객 운송업 시작.

- 최대주주 : AK홀딩스 외 60.19%
- 주요주주 : 제주특별자치도 7.64%

SK가스는?
SK그룹 계열의 액화석유가스(LPG)의 수입, 저
장, 판매업체.
대부분의 LPG를 사우디아라비아, 쿠웨이트,
아랍에미리트 등 중동 지역으로부터 장기 계
약을 통한 수입 및 SPOT 거래처로부터 수입
하여 정유사, 석유화학업체, 산업체, LPG충전
소 등에 공급 중. LPG 원료로 프로필렌을 생
산하는 PDH사업에 진출. 종속회사로 SK디앤
디, 당진에코파워 등을 보유.

- 최대주주 : SK케미칼(주) 외 55.75%
- 주요주주 : 국민연금공단 6.17%

이후 하나둘씩 가격을 봐가면서
종목 추천을 더 하겠습니다.

8월 1일(화)

이성호

최근 증시가 불안정하기 전부터
중소형주의 소외로 인해 중소형주 급등 종목은
거의 나오지 않습니다.
그 이유는 중소형 급등 종목을 좋아하는
투기세력과 투기를 좋아하는 개인투자자들이
중소기업 오너들의 모럴해저드에 대한
불신이 있고, 다른 투자 대안으로 제재가 없는
가상화폐 시장이 급부상했기 때문이라 봅니다.

기관과 외국인은 증권시장만큼의
투자 대안처가 없다 보니 예전 상승장처럼
잘 오르는 것 같습니다.
그리고 실제로 실적과 성장 가능성을 보더라도
극소수의 실적이 뒷받침되는 중소형 우량주와
대형주가 주목받는 것은 당연히 정상적입니다.

그러므로 최대한 실적이
뒷받침되거나 성장 가능성이 있는
중소형 우량주와 대형주 위주로
종목을 추천해서 위험을 줄이겠습니다.

애경유화
매수 주문 300만원.

기업의 기본적 분석에 의한 저평가 우량주.
추가 상승 가능하고 기술적 분석상으로도
상승 추세 유지하면서 조정을 끝내고
다시 움직이려 하고 있음.

이성호

옵트론텍
매수 주문 300만원.

실적이 뒷받침되는 중소형 우량주.
반등 나올 자리여서 짧은 단타나
스윙 정도 가능.

스윙이 뭐죠?

보통 데이트레이딩(단타)을 스캘핑과
스윙으로 나누죠.
스캘핑은 하루에 몇 번에서 수십 번,
스윙은 하루 이상 들고 있는 것을 말합니다.

두 종목 다 실적 괜찮고
기관, 외국인이 관심 가지고 있는
종목입니다.

앞으로 한 종목은 짧게,
한 종목은 느긋하게 두 종목으로
운영하겠습니다.

접수!

애경유화 16,150원 X 184주 = 2,971,600원
옵트론텍 8,620원 X 347주 = 2,991,140원

매수 완료!
잔액 37,260원

애경유화는?

애경그룹 계열사. 무수프탈산 및 가소제류 제품을 생산하는 석유화학 전문업체.
2012년 9월 애경유화의 제조사업 부문을 인적분할하여 설립. 주요 원재료인 알코올 등의 가격은 국제 유가에 의해 변동됨.

- 최대주주 : AK홀딩스 외 44.5%

옵트론텍은?

유리 기반의 광학부품 전문기업. 광학렌즈 및 모듈(디지털 카메라, 디지털 캠코더, CCTV 등에 적용), 이미지 센서용 필터(스마트기기의 카메라에 적용), 광픽업용 필터(DVD플레이어, 블루레이 플레이어 등에 적용) 등을 생산.

- 최대주주 : 임지윤 외 20.84%

요새 분위기가 연일 코스피 상승세입니다. 너도나도 시장에 들어가고 싶은 개미투자가들이 많은데 조심해야 할 때인가요?

이성호

아직 상승추세여서 괜찮지만 항상 조심해서 나쁠 건 없겠죠.

쿼터백
자산운용

> ARIRANG 선진국(합성H) :
> 글로벌 주식시장 강세 기조 유지되는 가운데
> 선진국 증시 추가 상승 기대.

> ARIRANG 신흥국(합성H) :
> 글로벌 주식시장 강세 기조 유지되는 가운데
> 선진국 대비 신흥국의 상대적 강세 가능성 부각.

> TIGER 일본TOPIX (합성H) :
> 양호한 경제지표 발표, 환변동성 인정되며
> 글로벌 증시 내 매력도 유지.

> TIGER 유로스탁스50(합성H) :
> 선진국 내 유럽 투자 매력 높게 나타나고 있음.
> 견고한 경제 펀더멘탈 및 자금 흐름 추이 유지.

> TIGER S&P500 선물(H) :
> 트럼프 관련 정치적 불확실성에도 불구하고
> 여전히 안정적 기업 실적 및 경제 펀더멘탈 유지.

> KB KBSTAR 중국 본토 대형주 CSI100 :
> 신흥국 내 상대적 매력도 높게 평가되며 비중 부여.

> 삼성 인도 Nifty50 선물 ETN(H) :
> 신흥국 내 상대적 매력도 높게 평가되며 비중 부여.

> KODEX 200 :
> 신흥국 내 상대적 매력도 높게 평가되며 비중 부여.

KODEX 국고채 3년 :
주요 경제 이벤트에 대한 가격 반영 종료된
것으로 평가되며 제한적인 금리 등락 예상.

KBSTAR 중기우량회사채 :
급격한 금리 변동 가능성 제한적인 가운데
크레딧 투자를 통한 캐리 전략 유효.

접수!

합성H, 선물H, H는 무슨 뜻이죠?

전문용어라 시간 날 때
설명하겠습니다.

3
천
만
원

ARIRANG 선진국(합성H)
10,260원 X 78주 = 800,280원

ARIRANG 신흥국(합성H)
10,695원 X 63주 = 673,785원

TIGER 일본TOPIX(합성H)
13,620원 X 9주 = 122,580원

TIGER 유로스탁스50(합성H)
11,320원 X 79주 = 894,280원

TIGER S&P500 선물(H)
29,315원 X 52주 = 1,524,380원

KB KBSTAR 중국 본토 대형주 CSI100
14,375원 X 17주 = 244,375원

삼성 인도 Nifty50 선물 ENT(H)
11,205원 X 15주 = 168,075원

KODEX 200
31,830원 X 13주 = 413,790원

KODEX 국고채 3년
55,550원 X 11주 = 611,050원

KBSTAR 중기 우량 회사채
102,485원 X 3주 = 307,455원

선물이 끼어 있어서 위험 고지 듣고
신청하느라고 시간이 걸렸습니다. 헉헉헉.

매수 완료!
잔액 149,950원

하웅

셀트리온헬스케어

셀트리온의 전 세계 바이오시밀러 시장
점유율 확대로 유통을 담당하는 동사의
매출 확대 전망.

51,300원 X 58주 = 2,975,400원

매수 완료!
잔액 3,024,600원

셀트리온헬스케어는?

셀트리온 그룹 계열의 바이오 의약품 유통업체. 셀트리온과 공동개발 중인 바이오 의약품(바이오시밀러, 바이오베터, 바이오 신약)들의 글로벌 마케팅 및 판매 담당. EMA(유럽의 약품청) 및 FDA(미국식품의약국)로부터 허가받은 세계 최초의 항체 바이오시밀러 의약품 램시마(Remicade 시밀러)를 위시로 하여 전 세계 바이오 의약품 시장 공략.

• 최대주주 : 서성진 외 68.23%

8월 2일(수)

 하웅

일진머티리얼즈

전기차 시장 확대에 따른 최대 수혜주

38,850원 X 76주 = 2,952,600원

매수 완료! 잔액 72,000원

일진머티리얼즈는?

일진그룹 계열의 국내 1위 일렉포일(Elecfoil) 제조업체. 주요 제품은 FPCB의 FCCL용 일렉포일. 리튬이온 2차 전지용 음극집전체에 사용되는 일렉포일 등.

• 최대주주 : 허재명 외 56.43%

8월 3일(목)

 하웅

셀트리온헬스케어 손절해야겠어요.
수급이 꼬였네요.

수급이 꼬여?
수요공급인가요?

기관 매도세가 너무 셉니다.

떨어지고 있네요.

49,750원에 58주 매도 완료!
49,750원 X 58주 = 2,885,500원

8월 2일 매수금액 : 2,952,600원
오늘 매도금액 : −2,885,500원
─────────────────
67,100원

67,100원 첫 손실.

4장이 끝나면 이 부분 차트 보면서
설명 좀 해주세요.

바쁘신가 보네. 답이 없어.
하긴 모니터를 10개 살펴야 하니까.

하웅

장 중 하락 폭이 너무 커서
손해가 커지기 전에
손절하시라 말씀드린 겁니다.

근데 반등해서 황당하네요.

49,750원에서 조금 올라
50,900원으로 거래되고 있었다.

추천 변경합니다. 삼성바이오로직스
매수 희망가 274,000원 ~ 280,000원

삼성그룹의 미래 먹거리 산업.
그룹 차원 전폭적 지원, 향후 추가적인
바이오시밀러 미국 판매 시작.

접수.
278,000원 × 10주 = 2,780,000원
매수 완료.

삼성바이오로직스는?

삼성그룹 계열사. 국내외 제약회사의 첨단바
이오 의약품을 위탁 생산하는 CMO(Contract
Manufacturing Organization) 사업 영위업체.
2017년 상반기 18.2만 리터로 세계 3위 생산설비
가동 중. 바이오시밀러 의약품 연구 개발 및 상업
화 사업을 진행 중인 삼성바이오에피스를 바이오
의약품 연구 개발 부문 자회사로 보유.

• 최대주주 : 삼성물산(주) 43.44%
• 주요주주 : 삼성전자(주) 31.49%

5
자문단 우담선생

한 사람 한 사람 알아야 독자들의
신뢰를 얻을 수 있으니까
인터뷰한 내용들을 요약해서 들어보자.

 자문단 우담선생(57세)

- 27세부터 직장생활. 첫 월급 30만원.
- 1986년부터 주식투자 시작.
- 당시에는 신문으로 시세를 확인했는데 찍기만
  하면 될 것 같았다.
- 핸드폰이 없던 시절이라 회사 전화를 쓰지
  못하고 밖에 나가서 공중전화로 매도·매수했음.
- 잘 해나가다가 입대.
- 7년 직장생활 후 학원 운영. 낮엔 주식 공부를 함.
- 감각이 좋았었다고 자부함.
- 1997년 IMF 때 객장에서 고수들에게 많이 배우고
  수익도 많았다.
- 2001년 학원 폐업 후 1,200만원으로
  본격 주식투자 시작.
- 200만원은 가정에 생활비로 줘야 하니까 매달
  20%는 벌어야 한다고 무리한 계산(연 200%)을 했
  지만 결국 이루어냈다.

- 계좌는 조금씩 키워나가야 한다는 신조는 지금도 변함이 없다.
- 수익을 따로 빼서 보관하니까 투자금이 깨져도 많이 안 깨진다.
- 연말에 투자 세팅을 다시 한다.
- 계절주(여름, 겨울) 수익이 20%만 나도 연 40%.
- 철저한 나누기 계좌, 단타 위주 계좌, 장기(3개월) 투자 계좌로 수익을 지키고 있다.

저는 지금까지 수입이 생기면
집 사고 차 사고 땅 사고,
남으면 은행에 저축했어요.
그런데 재작년부터 만화 때문에
주식투자 공부를 하면서
내가 바보였다는 생각이 들더라고요.
주위에서 주식투자해서
수억 까먹었다는 말만 들었으니까
관심도 없었지요.

그런데 꼭 전문가가 아니더라도
투자하는 방법이 많이 있더라고요.
펀드, 채권 뭐 이런 거…
주식투자도 목돈이 있어서 하는 것도 좋지만
적금 붓듯이 매달 조금씩 관심주를 사 모으면
공부도 되고, 나중에 예금보다는 낫다는 걸
독자들에게 알리고 싶었어요.

허 선생님 취지는 동감입니다.
저는 우리나라 증시의 혜택을 제일 많이 받은
사람 중 한 명이거든요.
저희가 주식투자 시작할 때는
어디 물어볼 곳이 아무데도 없었어요.
인터넷도 없을 때고.
거의 맨땅에 헤딩하는 식으로 혼자 공부한 거죠.

그래서 갑갑했던 옛날 얘기를
알려주고 싶은 거죠.
대충 준비해서 이 바닥에 뛰어들었다가
크게 손해를 보는 경우가 많거든요.

개인 투자가들 중 주식투자로 손해를 많이 봐서
한강 다리에 가본 사람들 많더라고요.
누가 주식투자한다는 말을 하면
저 친구 금방 안 보일 거라고 수군대잖아요.
장가가기도 되게 힘들었다고 하고요.

사실 투자에 성공해서 전설로 남아 있는 분들 중
그때 상황을 유지하는 투자가도 있지만
흔적도 없이 사라져버린 투자가들도 있지요.

맞습니다.
버는 것보다 지키는 걸 못해서 그렇습니다.
저는 어딜 가서 주식 강연을 해도 어필합니다.
저는 증권맨 출신이 아니고 일반 투자가
출신이거든요. 1,200만원으로 시작해서
지금은 아주 많은 자금을 굴리고 있어요.

아주 많은?

허허허. 넘어가시죠. 그러니까 일반 투자가들이
언제 어렵고, 언제가 위기이고, 극복하는 방법이
무엇인가를 제가 다 알고 있는 것이지요.
그걸 제가 들려드리고 싶은 거죠.

정보를 가르쳐준다면서 자기 이익을
챙기는 사람들이 너무 많죠?

아주 많죠. 그런 사람들 때문에 주식시장에 대한
인식이 나빠진 것도 있어요. 돈이 흐르는 곳에는
비정상적인 돈도 많이 굴러들어오고
온갖 사기꾼들이 바글대죠.

단속이 안 됩니까?

열 명 포졸이 한 명 도둑 못 막는다는 말이 있죠.
단속해도 계속 생겨요.

투자자들 자신이
조심해야 하는 거네요.

그럼요. 아차 하고 당한 뒤에 후회해봐야
소용없죠. 주식만화는 어떻게 구상하고 계시죠?
스토리가 있고 주인공이 있는 만화?

종래의 만화는 스토리 위주에다
주인공이 등장하고 엑스트라가
양념이 되는 식이었습니다.
하지만 이번 주식만화는 종래처럼
끌고 가다가는 정보 전달이 너무 늦어요.

음식 같으면 쉰밥이 되는 거죠.
3천만원을 5개로 나눠서 6백만원짜리
계좌를 만들고 자문단 다섯 분 각자의
투자 의견대로 매도·매수를 해가는 방식입니다.
몇 달 지나면 각자의 투자성과가 눈에 띄겠지요.

가끔 이런 사람이 있어요.
은퇴해서 여행하고 골프 칠 수 있는 용돈 생기는
종목 하나 얘기해달라고요.
남들이 보기에는 주식으로 수익을 얻는 것이
쉽게 돈 버는 것 같지만 절대 그렇지 않아요.
무지 신경 쓰고 공부도 아주 많이 해야 합니다.
그래서 저는 그런 말을 하는 사람들을 제일 싫어합니다.

종목 매매 들어갑니다.
8월 7일(월) ~ 8월 11일(금)

8월 7일(월)

이성호

애경유화

15,150원에 매도 주문 넣어주세요.
손실이라 마음이 무겁네요.

14,950원 X 184주 = 2,750,800원
(220,800원 손실)

옵트론텍도 며칠 안에 못 오르면
손절 주문 넣을 예정입니다.
다음 매매부터는 모니터링할 수 있는
범위에서 빠른 움직임 있을 종목만
거래하겠습니다.

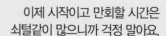

이제 시작이고 만회할 시간은
쇠털같이 많으니까 걱정 말아요.

처음부터 수익이 팡팡 나면 독자들이
주식투자를 우습게 봅니다. ㅎㅎㅎ

8월 9일(화)

**VIP자문
최준철**

> 경동나비엔

> 국내 가스보일러 1위.
> 축적된 기술을 바탕으로
> 미국과 중국 수출이 빠르게 늘고 있음.

> 상반기 비용투입이 많다 보니
> 실적이 주춤해서 주가가 부진한
> 지금이 매수 기회.

> 어느 정도 매수할까요?
> 100만냥?

> 예. 100만냥.

34,150원 X 29주 = 990,350원

경동나비엔은?

경동원그룹 계열의 보일러 제조 및 판매 전문업
체. 국내 가스보일러 시장점유율 1위를 기반으로
콘덴싱 보일러 및 콘덴싱 온수기를 미국, 러시아,
유럽 등에 수출 중.

- 최대주주 : (주)경동원 외 57.42%
- 주요주주 : 신영증권 5.76%

매수 완료!

이제 제주항공 100만원,
SK가스 100만원,
경동나비엔 100만원
매수했으니 계좌에
약 300만원 남아 있습니다.
파이팅!

8월 11일(금)

이성호

케이엘넷

3,055원~3,060원
매수 가능 금액 전체 매수.

접수.

케이엘넷은 저평가 주식이지만
실적 우상향 중 월봉, 주봉, 일봉
모두 양호한 흐름.

오늘 지수하락은 거의 끝난 것으로 판단됨.

전반적으로 주식시장의
외국인 포지션이 완전한 하락에
베팅하고 있지는 않아 보이므로
단기적 조정 완료 시점이
다가와 보입니다.

+

물론 큰 대외 악재가 실제로 터진다면
급락장이 지속될 수 있습니다.
단기적 하락장이다 보니 우량주, 대형주 할 것 없이
모두 위험해 보이므로
기본적으로 기술적 분석을 통한 개별주 위주로
최소한의 실적을 올리겠습니다.
테마주는 최대한 배제합니다.

870주 X 3,130원 = 2,723,100원

매수 완료.

케이엘넷은?

전자문서중계서비스(EDI)를 기반으로 정보시스템
구축(SI)과 IT컨설팅, 물류 솔루션 개발 및 판매, IT
아웃소싱 수행 등 물류 분야의 토털 U–IT서비스
를 제공하는 업체. '로지스빌'을 통해 표준전자세
금계산서 인증심사 1호 사업자로 선정.

· 최대주주 : 정지원 외 25.78%

너무 비싸게 매수 체결되었네요.
3,055원쯤 매수 기회를 10분 이상
주어서 그쯤 체결했을 줄 알았는데
아깝네요.

미안해요.
다른 일을 보느라고…

주식으로 400억 벌었다는 '청년 버핏'의 거짓말

실제 번 돈은 14억
경북대에 1억 기부
경북대에 5년간 4억 5천 기부 약정
1억 이상 고액기부자 클럽
'아너 소사이어티' 회원 가입
'기부 천사'로 이름 날려

'청년 버핏'으로 알려진 A씨

얼마 전 '청담동 주식부자' B씨가
구속되더니 또 이런 일이 일어났습니다.
많이 벌지 못했으면서 폼 잡고 살았던 이유가
궁금합니다. 왜죠? 유명해지고 싶은 건가요?
실속 없이 유명해지면 뭐가 좋은가요?

북·미 충돌 직전 금융시장 덮친 8월 위기설
상반기 계속 상승하던 코스피가
최근 보름 사이 3% 넘게 하락했다.

미국 증시는 물론 일본, 대만도 동반 하락.

심각합니다. 늑대소년 이야기처럼
반복 학습 때문에 그동안
북한의 핵실험 소식 등이 큰 영향을
주지 못했지만 이번에는 파장이 큽니다.
외국에서는 한반도에서 곧 전쟁이
일어날 것이라고 보고 있을지도 모릅니다.
주식시장은 어떻게 대처해야 하나요?

우담선생

대외변수로 인한 패닉은 좋은 주식을
싸게 담을 수 있는 기회입니다.

재무학에서 주식투자 리스크는
두 가지로 나눕니다.

1) 체계적 위험
   정치 · 경제적인 위험,
   대외변수에 의한 위험,
   대북 리스크 등

2) 비체계적 위험
   개별기업 고유의 리스크 파업,
   기업 오너의 무능 등

대체로 1번 같은 경우는 매수하는 것이
맞는데, 이번 리스크는 중장기적인
악재이기 때문에 일반 투자가가
섣불리 매수에 나섰다가는
낭패를 볼 수 있습니다.
선수들도 홀딩보다는 장중단기 매매 후
현금을 보유하고
넘어가는 편이 좋겠습니다.

현금 확보도
투자의 한 방법이죠. ㅎㅎ

**쿼터백
자산운용**

지금과 같은 환경에서 국내 주식으로만 집중투자하는 것보다 해외 및 다양한 자산군으로 분산투자하는 것이 대안이랄 수 있습니다.

실제 당사가 자문하고 있는 포트폴리오의 성과는 북한 이슈가 불거진 이후 코스피지수 대비 1.14% 높은 성과를 기록하고 있습니다. (당사 포트폴리오 하락폭 −0.36%, 코스피 하락폭 −1.5%)

이를 8월 초 이후로 연장해서 살펴보면 당사는 −0.39% 하락, 코스피는 −2.62% 하락. 코스피 대비 2.23% 높은 성과를 기록 중입니다.

독자 여러분, 자문단의 매매가 시작되자마자 북·미의 격양된 분위기 때문에 주식시장이 무너지고 있습니다. 그래서 자문단의 종목 선정도 쉽지 않습니다. 실제로 대부분의 투자자들은 관망이 우세입니다. 다음 주부터는 팍팍한 시장에서 옥석을 가려내 매매를 살리도록 하겠습니다. 기대해주세요.

우담선생

트럼프 미국 대통령이
지난 7월 31일에 아베 총리와
전화 통화에서 "북한의 건국 기념일인
9월 9일에 북한의 행사장을
공습하겠다"고 했다는
일본 언론 보도가 나오면서
코스피 하락 폭이 깊어졌습니다.

엑! 이젠 정말 전쟁 준비라도
해야 하는 건가요?

6
자문단 하웅

하웅(41세)

- 1999년(23세) 주식투자 시작(17년 경력).
- 증권회사 취직하려고 주식 공부 시작.
- 2002년 사채하는 친구랑 만나 본인은
  주식으로 망하고 친구는 사채로 망함.
- 이모 어묵 공장에서 1년 반 일한 뒤 500만원
  자금 마련.
- 6개월에 1억 벌었으나 탕진.
- 그 후 다시 10억 벌어서 결혼. 이후 계속 수익 올림.
- 투자금 2억 고수. 수익금은 빼내서 관리.
  초단타 매매로 하루에 평균 20~40억 돌려.
  연 7~8천억 매매. 수수료 연 약 100억 지급.

- 컴퓨터 한 화면에 20종목, 10개 화면에 200종목
  깔고 매수·매도 종목을 10개로 압축해서 운용.
- 계좌 2억이 적정선. 더 투자하면 팔 때 어렵다.
- 탐방 안 간다. 정보는 신문, 방송, 인터넷에서
  수집함.

주식투자해서 500만원으로
1억도 벌고 10억도 버니까
세상이 우습게 보이지 않았어요?

직장 월급이 130만원이었으니까
돈에 대한 개념이 없었어요.
하루에 몇 백, 몇 천이 왔다 갔다 하니까…
2년 동안 번 10억으로 2년 동안
또 10억을 벌었어요.

우와~ 세다!

그 뒤 인천에다 자리 잡았어요.
어렸을 때 자란 곳이거든요.

사무실에는 혼자만 있어요?

아뇨. 오래전부터 친구 두 명이랑
같이 있는데 친구들도 주식을 해요.

친구들도 수익이 많이 나나요?

그런데 수익이 안 나요.

왜? 훌륭한 선생을
친구로 뒀는데?

제 컴퓨터를 친구들한테 연결해줘서
매매 동향을 실시간으로 다 보고 있고
제가 뭐가 움직일 것 같다, 뭐가 괜찮을 것
같다고 얘기해주는데도 이상해요.
수익이 안 납니다.
10년이나 같이 있는데도요.

완전 이해가 안 되네?
그냥 따라만 해도 될 텐데?

제가 초단타를 하는 데다 가격 변동이
아주 심하기 때문에 완전히 따라할 수는 없나 봅니다.
계좌가 여럿 있으면 헷갈리니까
저는 ○○증권 계좌만 있거든요.
○○증권에서 2년마다 투자수익률 대회를 하는데
10년 전부터 한 번도 안 빼고 3등 안에 들었어요.
그런데 같이 하는 친구들은 마이너스 수익률이에요.
주식은 가르쳐준다고 되는 것이 아닌가 봅니다.

나중에 이걸 따로 취재하러
하웅 씨 사무실에 갈게요.
나도 아주 궁금하거든요.

주식은 분 단위로 움직이는 것이 아니라
영점 몇 초 단위로 째깍째깍 바뀌기 때문에
잠깐 판단을 잘못하면 따라올 수가 없나 봐요.

투자 판단은 기준이 뭐죠?

저는 큰 종목은 안 삽니다.
큰 종목은 변동 폭이 거의 없어요.
이슈가 될 만한 것을 눈여겨봅니다.
이번에 대통령 탄핵이 오래가지는 않거든요.
3개월, 6개월 정도일 때 경제적 손익구조를
엿보는 거죠.

어떤 기업이 이익을 보고 손해를 볼까,
새 정권의 경제정책은 무엇일까.

세계 동향도 보죠?

그럼요. 트럼프가 미국 대통령이 됐기
때문에 우리나라에 호재가 될 수 있었던
기업들이 있어요. 금값이 많이 올랐거든요.

금값이 떨어졌는데?

금값은 떨어졌지만 힐러리가 대통령이
될 것으로 알았는데 트럼프가 되면서
금 관련 주식이 다음 날 엄청 움직였어요.
끝까지 가지는 못했지만요.
이럴 때 들락날락하면서 수익을 냅니다.

저처럼 단타 해서 수익 내는 사람
한 명도 못 봤어요. 책을 보면 단타자는
다 망한다고 되어 있거든요.

비법이 뭐죠? 촉인가요?

저는 그래프도 안 봅니다.

그래프는 꼭 봐야 한다던데.

영업이익, 재무제표도 안 봅니다.

그것도 꼭 챙기라던데.

오로지 미인 종목.
주식투자가 10명에게 그 종목을 얘기하면
아, 그 종목! 하고 아는 종목을 고릅니다.
사람들의 관심이 많을수록 시세가 움직이죠.
거래량도 많아요.
그런 주식의 흐름을 타는 겁니다.
거래량이 거의 없고
사람들 관심 없는 종목은
살 때 어렵고 팔 때도 어려워요.
그런 종목은 아예 건드리지 않죠.

성공의 결론은 촉이라고 봐요.
프로야구에서 3할 타자는 타고난대요.
순간적으로 3할은 칠 수 있지만
긴 시즌 동안 3할을 치는 선수는
정해져 있다는 거죠.
유명한 장효조 선수는
방망이를 거꾸로 잡고 쳐도
3할을 칠 수 있다는 말이 있어요.
말도 안 되지만 그만큼
타격에 타고난 소질이 있다는 거죠.
주식투자에 성공하는 사람도
남이 갖지 못한 보이지 않는
능력이 있다고 봐요.

종목 매매 들어갑니다.
8월 14일(월) ~ 8월 18일(금)

13일 일요일, 14일 끼고, 15일 광복절.
칠순이라 콘도에서 느긋하게 있는데
14일 다급한 문자가 들어왔다.

○○증권
H수석

선생님, 우담선생이 매수 주문했는데
답이 없으시다네요.

앗! 핸드폰을 무음으로 해놨더니
못 들었어요. 연락할게요.

우담선생

팍스넷

6,950원 전후로 매수.

옙. 얼마나?

제가 매수 주문 넣은 시간이
2시 16분이었거든요.

아, 지금은 2시 59분…

지분매각 뉴스로 상승 중이라
주문 넣었는데 지금은 늦었습니다.
3시 7분에 6,880원까지 떨어졌을 때 샀어야죠.

내일이 공휴일이잖아요.
그럴 때는 3시 전,
즉 2시 40~50분에 주가가
제일 낮을 때가 많습니다.
그럴 때 이 종목을 노린 것입니다.

지금은 7,230원이니까
잠깐 사이에 많이 올랐어요.

전 6,900원에 20,000주 사서
7,300원에 15,000주 매도했어요.
눈 깜짝할 사이에 600만원
수익 올렸습니다.

아~ 한 수 배웠습니다.
이제부터 핸드폰 무음
쓰지 않겠습니다.

팍스넷은?

증권 및 재테크 정보/서비스 제공업체. 금융솔루
션 사업(RMS 사업, 실전투자대회/모의투자대회 시스
템 사업), 증권정보사업, 광고사업 등 영위 중. 종
합금융 포털 사이트 팍스넷(PAXNET) 운영 중.

• 최대주주 : (주)아시아경제 37.53%

하웅입니다.

북핵 리스크 전에는 저가 매수의
기회가 됐었지만 지금은
꼭 그렇게 보이지 않아요.

하지만 달리는 종목은 달리니까
휴일 후 종목 교체 자주 하겠습니다.

아~ 이젠 남, 북, 미, 중의
문제가 크게 번지는군요.

이러다 3차 대전이
한반도에서 일어나는 게
아닐까요? 겁나네요.

빨리 주식으로 돈 벌어서
국방비에 보탭시다.

8월 17일(목)

이성호

옵트론텍

8,950원 매도.

왜 팔죠?

중장기로 괜찮은 종목이었으나
1차 고점에 도달한 듯하고
오늘 외국인의 매수 포지션이
속임수 같아 보입니다.

아마 9,000원 무렵에
외국인 창구에서 매도 나올 것 같아요.

그리고 좀 더 재미있는
종목으로 교체할까 합니다.

증권사 직원 식사시간이
시작될 듯해서 급하게
매도 주문했습니다.

이미 자리 비웠네요. 쩝.
(허영만은 증권사 담당에게
전화로 매매하고 있다.)

아, 그럼 일단 보류.

식사시간 끝나는 1시쯤에
매도할지 안 할지 다시 보겠습니다.

사실은 오늘 상승으로 인하여
조정 끝이라는 신호이기도 합니다.
물론 이 가격 근처 정도에는 마감하고
급락이 안 나온다는 전제하에요.

그러나 위의 전제를 A라 가정하고
상승한 종목에는 반드시 A라는
전제조건이 있으나 A라는 전제조건이
나온다고 반드시 상승하는 것은 아니다,
이건 항상 해당됩니다.

점심시간은 11시 30분부터
12시 30분까지입니다.

12 : 36

오늘은 옵트론텍을 기관이 매도를
안 하고 매수하는 것 같아요.
일봉차트상 이 가격을 유지하면
20일선 우상향과 5일선 20일선이
골든크로스 예정이니 당분간 지켜볼게요.

보류?

예.

기본적으로 월봉차트가 좋아서 고른 종목이니
조정 후에 시세 나올 수 있는 종목이기도 합니다.

〈이동평균선〉

증래 예측에 활용하는 것을 목적으로 주가 또는 매매대금, 매매량 등을 지나간 평균적 수치로 계산하여 도표화한 주식시세 예측 지표.

이동평균선은 5일, 10일, 20일, 60일, 120일, 200일 등이 있으며 5일 이동평균선은 단기추세, 20일, 60일은 중기추세, 120일, 200일은 장기추세를 나타낸다.

이동평균선은 차트에서 볼 수 있는데 녹색 선은 5일간 평균가격이며 빨간 선은 20일간의 평균가격,파란 선은 60일간의 평균가격, 분홍색 선은 120일간의 평균가격이다.

• 5일 이동평균선 = 5일 동안의 주가합계 ÷ 5
• 20일 이동평균선 = 20일 동안의 주가합계 ÷ 20
• 60일 이동평균선 = 60일 동안의 주가합계 ÷ 60
• 120일 이동평균선 = 120일 동안의 주가합계 ÷ 120

장기이동평균선이 위를 향할수록 상승강도가 높아진다고 할 수 있다.

《주식용어사전》, 손용배, 인터미디어

하웅

일진머티리얼즈 매도.

수익 실현.

삼성바이오로직스 매도.

손절.

일진머티리얼즈
40,150원 전량 매도.

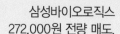

삼성바이오로직스
272,000원 전량 매도.

완료!

우담선생

바이오로그디바이스

3,005원에 300만원 매수.

노트8 출시 수혜주.

우담선생 첫 등장이요~

3,010원 X 991주 매수 완료!

바이오로그디바이스는?

기업인수 목적회사(SPAC) 교보3호 스팩이 모바일용 카메라 부품 개발 및 생산 전문업체 바이오로그디바이스를 흡수 합병함에 따라 변경 상장된 업체.
OIS(과학식 손 떨림 방지장치)와 AF(자동초점장치) 카메라 모듈 사업을 하고 있으며 지문인식 센서 및 웨어러블 카메라 사업 등을 추진 중.

• 최대주주 : 이재선 외 26.11%

종목 매매 들어갑니다.
8월 21일(월) ~ 8월 25일(금)

8월 21일(월)

2 : 50

VIP자문
최준철

대한약품

100만냥 매수.

기초수액제(링거) 시장이 과점 상태라
안정적 매출이 가능할 뿐 아니라 고령화에 따른
입원일수 증가로 제품 수요도 계속 늘고 있음.

최근 수액백 자체 생산으로 원가율이
크게 개선되어 실적이 좋은데
주가가 이를 반영하지 못하고 있음.

정부가 연간 청구액이 100억원 이상인
약제를 퇴장방지의 약품 지정에서
제외토록 법안을 개정하기로 했다는데
영향을 어떻게 보시죠?

대한약품은 단일로 100억이 넘는
아이템이 거의 없음.
농도와 제재에 따라 제품이 세분되어 있음.

아무튼, 저 법안 자체가
거의 없던 일이 되었음.

대신 유통 단계에서 정가제가 도입되면서
현재 가격 인상 효과 누리고 있음.

이번 정부에서 인하도 딱히 없겠지만
인상도 어려울 듯함.

지금 주가는 인상을 반영한 가격이 아니니까
아쉽긴 하지만 정부 정책이 이렇더라도
주가 하락 사유는 아님.

당분간
1) 수액백 직접 생산에 따른 원가 절감 효과
2) 유통단계 정가제 도입에 따른 사실상
   단가 인상 효과
3) 장기적인 수요 증가 트렌드가
   주가 재평가를 이끌 것으로 예상.

대한약품은?
병·의원에서 필요로 하는 기초약품인 수액제 및
앰플제, 영양수액제 등을 주요품목으로 생산하는
의약품 제조 및 판매업체.
일반 소비자들이 손쉽게 접근할 수 있는 OTC 부
문에서도 렌즈세척액, 다용도 세척을 위한 멸균
생리식염수 등을 통해 약국시장영역 확대 중.

• 최대주주 : 이윤우 외 34.95%

그러나 매수 확인이 늦어서 시간을 놓치고 말았다.

내일 아침 장에 다시 추천해주시면
매수하겠습니다.

제가 비행기에 타고 있을 시간이라
내일 아침에 그냥 현재가에 매수하세요.

시차 때문에 너무 늦게 주문 드렸네요.

옙.

3 : 25

하웅

비에이치

남은 액수의 50% 매수하세요.
3분기 애플로 매출 확대 기대 기관.
외국인의 고른 수급.

으아~ 5분 남기고 추천!
시간을 넘기고 말았습니다.
쏘리, 내일 다시!

매수 안 하셨으면 내일 다시 타이밍 올 때
재추천합니다.

비에이치는?

연성인쇄회로기판(FPCB) 전문 생산업체. 삼성전
자, LG전자, 삼성디스플레이 등 국내외 주요 IT제
조업체에 휴대폰(스마트폰) OLED, LCD모듈, 카메
라 모듈, 가전용 TV, 전장부품용 FPCB를 납품.

• 최대주주 : 이경환 외 23.42%

캠핑카 안에 영만 개인 전용
멀티 잭을 설치했습니다.
내일부터는 장 중에 두 눈 부릅뜨고
기다리겠습니다.

허영만은 8월 20일(일)부터 호주 여행을 시작했다.
9월 말일까지 40일간이다.
오늘은 첫날인 8월 21일(월).
3시 15분이 되었는데도 주문이 없어서,
휴대폰 배터리 충전하는 중에 주문이 2건 있었다.
호주 지역 여건상 카카오톡이 불통이어서 한국과 교신이
안 될 때를 대비해서 위성 전화까지 준비하고 있다.
정신 차려, 허영만!

8월 22일(화)

8시 50분. 개장 10분 전,
호주에서 매매, 긴장됩니다.

대한약품 매수 완료!

35,450원 X 28주 = 992,600원

10 : 22

하웅

비에이치 매수 취소.

셀트리온 추천 100% 매수.

코스닥에서 코스피로 이전 상장 추천 중
수급 개선과 공매도 감소 기대.

112,800원 X 51주 = 5,752,800원

셀트리온은?

생명공학 기술 및 동물세포 대량 배양 기술을
기반으로 항암제 등 각종 단백질 치료제 개발
생산업체. 류머티즘 관절염 치료제 레미케이드
의 바이오시밀러 램시마는 2012년 7월 한국식
품의약품안전처(MFDS)로부터 제품허가를 받았
고, 2013년 8월 유럽연합집행위원회 및 2014
년 1월 캐나다, 2014년 7월 일본 후생성으로부
터 최종 판매허가 취득. 유방암 치료제 허셉틴
의 바이오시밀러인 허쥬마는 2014년 1월 한국
식품의약품안전처(MFDS)로부터 제품허가를 받
았고, 2016년 10월 유럽 EMA, 2017년 7월 미국
식품의약국(FDA)에도 허가를 신청.
혈액암 치료제 트룩시마(CT-P10)는 2017년 4
월에 영국, 독일 등 유럽 국가에서 판매 시작.

· 최대주주 : (주)셀트리온 홀딩스 외 37.09%

매수 완료!

왜! 하웅 씨가 몰빵! 결과가 기대됩니다!

우담선생

바이오로그디바이스
3,100원 전후 매도.

지금 시가가 3,070원입니다.
매도 주문 넣을까요?

3,080원 매도.

3,075원 매도 완료.

3,075원 X 991주 = 3,047,325원

64,415원 수익.

8월 23일(수)

9 : 57

이성호

옵트론텍

9,400원 근처 전량 매도.

근처라면 +, − 50원 이내면
매도할까요?

외인 매도세 진정된 것 같으니
조금 기다려볼게요.
정정 주문이나 취소 주문해야 할 것 같으면
톡 메시지 드릴게요.

오케이.
호주 남쪽은 비가 무지 많이 와요.

14 : 36

옵트론텍

전체 시장가로 정정 매도 주문해주세요.

9,115원 X 347주 = 3,162,905원

매도 완료!
8,620원에 매수해서 9,115원에 매도.
171,765원 수익. ♬

리드

1,490원 300만원 매수.

실적 우상향 되는 기업으로
저평가라고 보기에는 힘들지만,
바닥 확인 거의 끝나가므로 며칠 안에
반등 or 상승 가능한 시점으로 보임.

하락으로 인한 손절이라면 −5% 내외,
반등 or 상승하면 +10% 수익 가능해 보임.

1,490원 X 2,003주 = 2,984,470원

매수 완료!

리드는?

LCD 및 OLED 등 Display Panel 제조를 위한
자동화 설비와 이를 운영하기 위한 PLC S/W 및
CIM S/W를 공급하는 공장 자동화 토털 솔루션
제조업체. 주요 제품으로 LCD in-line system(글라
스 이송장치), Thermal Control Unit(온도조절장치),
Thermal Recycle Unit(열재생장치) 등이 있음.

• 최대주주 : 아스팩 투자조합 23.86%

우담선생

아이엠텍

2,700원에 300만원 매수.

이 회사의 매력은?

낙폭 과대.

2,705원 X 1,103주 = 2,983,615원

매수 완료!
이 회사 소개 부탁해요.

스마트폰 카메라 모듈 제조 판매.
한때 AR(가상현실) 관련주로 관심.
지난해 당기 순이익 적자.
지속적인 하락세에서 반등 국면임.

아, 예.

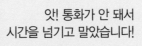

앗! 통화가 안 돼서
시간을 넘기고 말았습니다!

오후 5시 넘어서
예약 주문 낼 수 있습니다.

우담 선생님, 2,980원에
오늘 시간의 단일가로 할까요?
아니면 이 가격으로 내일 주문할까요?

시간 외 단일가 말고 내일 주문 내세요.

아이엠텍은?

휴대폰용 안테나, 무선 충전기, 카메라 모듈, 반
도체 검사용 MLC제품 제조 · 판매업체. 주요제
품은 이동통신 안테나, NFC, 무선충전 복합안
테나, 스마트용 메탈 케이스, 모바일 카메라 모
듈(휴대폰용), 반도체 테스트 장비의 핵심 부품
인 프로브카드에 사용되는 MLC 등.

• 최대주주 : (주)스타앤홀딩스 6.31%

오늘은 200㎞ 이상 달리는 날.
흔들리는 캠핑카 안에서 매매했습니다.
아직도 달리고 있습니다.

여러분 고맙습니다.
내일 장 중에 또…

128

3
천
만
원

8월 24일(목)

우담선생

아이엠텍

아침 동시 호가 시장가 전량 매도.

2,705원에 사서 3,041원에 매도.
370,608원 수익. ♫

이성호

리드

시장가 전량 매도.
연결 재무제표 적용 2년 안 된 기업이므로
15일 유예기간 적용해서 29일까지
반기 보고서 호실적 예상되나,
좀 더 나은 종목으로 교체.

1,507원 × 2,003주 = 3,018,521원

34,051원 수익!
이렇게 단타 치는 것도 재미납니다. ♫

VIP자문
최준철

동원산업 100만냥 매수.
세계 참치 선망 1위 기업.
최근 공급 부족에 따른 참치 가격 상승 중.

또한, 미국 1위 참치통조림 업체인
스타키스트를 자회사로 보유 중.
(2008년 금융 위기 때 헐값에 인수.)

다만 수산 부문에 변동성이 있는데
작년에 동부익스프레스 인수로 물류 부문을
강화해서 이익의 안정성 보강.

창업자 김재철 회장의 경영과 자본 배치 능력에서
검증된 레코드와 탁월성 유지.

최근 수급 이유 때문인지 호실적 불구 주가 하락 중.

적절한 매수 기회!

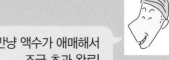

100만냥 액수가 애매해서
조금 초과 완료!

264,500원 X 4주 = 1,058,000원

동원산업은?
국내 최대 참치어획업체.
수산사업(참치, 연어 및 기타 수산물 유통 등), 물류사
업(3PL 등) 등을 영위.

· 최대주주 : 동원 엔터프라이즈 외 59.92%
· 주요주주 : 국민연금공단 9.98%
　　　　　　KEB하나은행 KB자산운용 5.84%

7
자문단의 긴급 시황 진단

요새 북한 때문에 정세가
매우 불안합니다.

이럴 때 시장 상황 대처는
어떻게 해야 할지, 주식에 관심 있는
분들은 모두 궁금할 것입니다.

투자방법을 독자들에게
팁으로 드리면 어떨까요?

우담선생

예전에는 북한 핵실험이 일회성이어서
당일 크게 빠지고 회복되었는데
5일 자 중앙일보 톱기사에 9월 9일에
북한에서 미사일 정각 발사할 것으로
예상하는 보도가 나왔네요.

코스피 지난번 고점 2,450p를
올해 고점으로 보거든요.
틈새 짧은 매매만 유효합니다.

교육용 추세 매매는 할 수 없는 장입니다.

이성호

전쟁이 일어나지 않는다는 가정하에
이런 일시적 대외 변수로 인한 지수 조정 때는
저점 매수 기회이기도 합니다.

가치 투자 관점으로는 기업의 펀더멘탈★이
훼손된 것이 아니므로 저평가된 주식을 사는
기회일 것이고 기술적 분석이든 여러 가지
방법의 단기 투자를 주로 하는 투자가라면
변동성이 커서 위험하게 홀딩 안 한다면
저점 매수 후 짧게 가져가는 투자는 오히려
좋을 수도 있다고 보입니다.

★펀더멘탈(Fundamental) :
경제 상태를 표현하는 기초적인 자료
가 되는 성장률, 물가상승률, 실업률,
경상수지 등의 거시경제지표.

저는 이런 장일수록 코스피, 코스닥 지수
차트와 다우, 나스닥 차트, 외국인 포지션을
체크하고, 대외 악재를 예상하기 위해
뉴스 확인을 자주 하는 편입니다.

2008년 폭락장처럼 실제로 기업에 영향을
줄 수 있는 악재라면 더욱 홀딩 없는
단기 투자로 대응하며 바닥 확인을
확실히 한 후 중장기 투자를 해야 합니다.

이번 악재가 실제로 기업에 영향을
줄 수 있는 악재로 받아들여지려면
전쟁이 일어나는 것인데
중국, 러시아가 동의하기 힘들기 때문에
괜찮을 거라고 봅니다.

+

남석관(본명)의 '원샷원킬'론

기관 투자가, 외인 투자가는 투자금과
투자기간에 여유가 있어서 내재가치에
근접한 주식을 체계적 리스크로
있을 때 싸게 매수할 수 있다.
개인 투자가는 투자 금액이 제한적이기
때문에 매수한 종목에서 반드시 수익이
나야 한다. 때문에 기관, 외인 투자가가
수익률 면에서 항상 앞설 수밖에 없다.

본업이 따로 있고 재테크로 하는 투자라면
위험할 것 같고 판단이 명확히 서지 않는다면
현금 보유를 하면서 쉬는 것도 좋겠습니다.

하웅

그동안 북핵 리스크가 있을 때
시가 저점 매수가 유효했으나
지금은 상황이 달라 보입니다.

미국을 제외한 글로벌 증시가
하락 추세이고
코스피도 장기급등 후
조정 타이밍에서의 북핵 리스크로
매매 자제가 필요하다고 판단됩니다.

**VIP자문
최준철**

사업의 본질에 변화가 없이 주가만 빠졌다면
더 사야 하는 것이 가치투자의 기본 논리입니다.
물론 긴 호흡에서입니다.
단기간에 반등을 노리는 의도와는 구별됩니다.

다만 뭘 사야 할지 모르겠다면,
사업의 본질을 알지 못한다면,
저평가 여부를 가늠하지 못한다면
투자하면 안 되겠죠.

전쟁 위험이 있건, 전쟁 중이건,
평시이건 어느 경우에서도요.

**쿼터백
자산운용**

데이터를 기반으로 북한 이슈 관련 설명을
드리자면 아래와 같습니다.

1) 북한 이슈에 대한 시장의 반응은 제한적 :
　북한 관련 불확실성은 증가하는 듯 보이나
　환율 변동성, 한국 CDS★ 등에서 나타나는 신호는
　과거 유사한 이슈가 발생했던 국면 대비 시장에서
　반응하는 강도는 오히려 낮은 상황입니다.

★**CDS**(Credit Default Swap) :
채권이나 대출 원리금을 돌려받지 못할 위험
에 대비한 신용파생상품. CDS 상승 시 부도
위험율이 상승하는 것을 의미한다.

2) 주식시장 관련 펀더멘탈은 견조 :
전 세계 주가지수와 이를 구성하는 46개 국가 중
이익이 역성장하는 국가의 비중은 과거 최저치
수준에 근접해 있습니다.

3) 산업재 가격 견조 :
대표적인 산업재라 할 수 있는 구리의 가격은
북한 이슈와는 별도로 견조한 상승세를 보이고
있습니다.
신흥국 주식시장과 구리 가격은 지속적으로
동반 상승하는 모습을 보이고 있습니다.

따라서 북한 관련 이슈는 예측 불가 이벤트이지만,
무조건적인 현금 비중 확대로 대응을 하는 것은
섣부른 판단이 될 수 있습니다.
한국이 불안하다면 펀더멘탈이 뒷받침되는
국가 · 자산에 투자하는 자산배분 상품이
투자 대안이 될 수 있습니다.

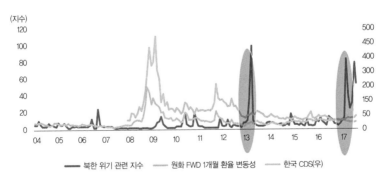

북한 위기 관련 검색 지수(구글 트렌드) vs 원화 FWD 1개월 환율 변동 vs 한국 CDS

— 북한 위기 관련 지수　— 원화 FWD 1개월 환율 변동성　— 한국 CDS(우)

※ 자료 : Google, Datastream, 쿼터백 자산운용

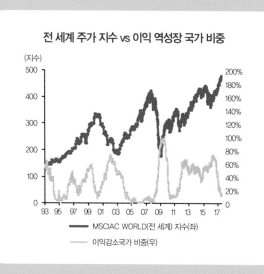

전 세계 주가 지수 vs 이익 역성장 국가 비중

- ■ MSCIAC WORLD(전 세계) 지수(좌)
- 이익감소국가 비중(우)

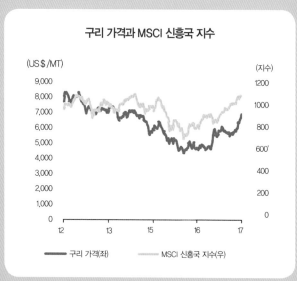

구리 가격과 MSCI 신흥국 지수

- ■ 구리 가격(좌)
- MSCI 신흥국 지수(우)

※ 자료 : Google, Datastream, 쿼터백 자산운용

주식시장은 불확실한 것을 가장 싫어합니다.
9.9절을 앞둔 이번 주 의미 있는 반등이 없다면
다음 주 월요일부터 단기 반등이 나옵니다.
일반 투자가 입장에서는 금요일 종가쯤에
매수하는 것이 리스크를 줄이는 것인데…
지수 반등 시 무조건 기관·외인 선호주가
시장수익률 이상의 수익을 줍니다.
시장 중심주 중에서 외인·기관 이번 주
순매수 종목으로 매수하면 됩니다.

아~ 자문단 여러분 고맙습니다.
어렴풋이나마 앞이 보이는 듯합니다. (꾸벅)

이런 상황에서도 잘 찾으면
수익을 내는 종목이 존재하는군요.
어쨌거나 확신이 없으면 몸조심하고
나중을 도모하는 것이
초보자의 선택일 듯합니다.

8
자문단 이성호

이성호(38세)

- 1999년 20살 때 주식투자 시작.
- 삼촌의 주식투자 차트 보고 관심 두기 시작.
- 아르바이트로 번 돈으로 투자 시작.
- 입대 후 책으로 주식 공부.
- 2002년 제대.
- 아버지가 자금 5천만원 맡겨 주식투자 2주 만에 반 토막.
- 총 자금이 300만원으로 줄어. 옥상에서 자살 충동.
- 잘 때 누워 있으면 옆에 귀신이 누워 있었지만 무섭지는 않아.

- 차트에 뭔가 있다고 6개월간 차트 공부.
- 작전주에 속아 파산.
- 룸살롱 취직. 빵과 라면 먹으면서 종잣돈 모아.
- 종잣돈 1,100만원으로 계속 수익 난 뒤
  단타 위주 투자.
- 원칙을 정했으면 지켜야 한다.
  모든 사람이 알고 있는 원칙은 원칙이 아니다.
- 사람들이 관심 있는 회사와 변동 폭이 큰 회사에 투자.
- 투자액을 넘는 수익이 나면 수익만큼 빼낸다.

이성호 씨는 단타 위주로
투자하나요?

그럴 수밖에 없지요.
중장기투자는 월평균 수익이
크게 나기 힘들고
여윳돈이 많아야 묵혀놓을 수 있죠.
준비 안 된 투자자들이 주위에서
주식으로 돈 벌었다는 말 듣고
덤벼들었다가는 100% 깨집니다.
사람들 입에 오르내릴 때는 이미
주가가 천장이거든요.
거꾸로 혹 수익이 생기면
그것이 비극의 씨앗입니다.

1천만원 넣고 수익 나면 자기 실력을 믿고
아이고, 1억을 넣어야 했었는데, 하고
더 퍼붓죠. 그러다 보면 액수가 1억, 2억으로
불어나고, 레버리지까지 쓰면…
끝장나는 거죠.

주식투자자들 맨 나중에
하는 말이 뭔지 아십니까?
"본전이라도 찾았으면…"입니다만
쉽지 않지요.
학벌 좋은 사람들이 더 많이 실패합니다.
목표를 이루고 살았던 사람들이고
머리가 좋으니까 주식도 잘할 수 있다고
생각하는 거죠.

3
천
만
원

그런데 안 되는 건가요?

좋은 대학 가려고 공부 무지 한 것은
잊고 있는 겁니다. 주식도 그만큼
공부해야 하거든요. 수영도 못 하면서
물에 뛰어들면 어떻게 됩니까?
사망이죠.

어떻게 이곳에 발을 담갔어요?

저는 어렸을 때부터 이런 생각을 했어요.
나는 분명히 성공한다!
한 친구는 부자고 한 친구는 운전기사인
드라마가 있었어요. 그래서 친구한테 그랬죠.
네가 운전기사 해라!
나는 어차피 성공할 테니까!

흐흐. 대단한 자부심이네.

막연했죠. 뭘 해야 성공할지…
그러다가 삼촌의 주식 차트를
몇 개 보고서 운명처럼 바로
이거다, 라고 관심을 가졌습니다.

탄탄대로는 아니었겠죠?

그럼요. 계속 깨져서 종잣돈 만드느라
룸살롱에도 취직했었고 돈 많이 준다고 해서
TV 브라운관 만드는 곳에 취직해서
잔업하고 특근하고 명절 때도 일했죠.
1,100만원 모았어요. 잠자는 시간 빼고
하루에 16~18시간을 차트만 들여다봤습니다.
6개월 동안 그렇게 묻혀 산 것이
도움이 됐나 봐요.

그 뒤로 수익이 났군요.

그렇죠. 아버지 빚 5천만원도 갚고,
한 달에 수익이 억이 나니까…
어린 나이에 망가졌죠. 그 당시는
수익이 200%~400%였으니 열심히
살아야 한다는 건 강 건너 일이었죠.

142

3
천
만
원

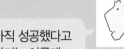

그 나이에는 아직 성공했다고
말하기는 이른데…

술 마시고 노름도 하고 방탕한 시간을
많이 보냈지만 모두 허망했어요.

상장회사가 2천 개인데
어차피 2천 개를 다 파악할 수
없을 테니까, 고를 것 아니오?
어떤 종목에 관심을 두죠?

단기투자에서는 아무래도 사람들의
관심도가 높은 종목이죠.
그 종목들이 주가의 변동이 세니까요.
종목이 정해지면 회사를 알아보고
오너의 자질도 살펴보고 그래프를
지속해서 지켜보죠.

계좌 운영 방법은?

처음에는 2천만원으로 하다가
5천만원, 1억, 2억 이렇게 올렸죠.

143

투자의 시작

단기투자 계좌에서는 사고파는 것이
자유로워야 합니다. 액면가가 높은
기업은 올라봐야 1~2%, 떨어져봐야
1~2%이기 때문에 메리트가 없어요.
변동성이 있는 기업이라도 2억에서 3억,
그 사이를 넘으면 힘들더라고요.

왜 힘들죠? 많이 사두면
이익이 그만큼 많이 나는데.

오를 때는 상관이 없는데
손절매(손해를 보고 파는 것)를
하고 싶을 때는 거래가 많이
안 터지다가 밀리면서 터지거든요.
그때는 던질 수가 없어요.
손절매를 하고 싶어도 못하는 거죠.
너도나도 던지니까요. 손절매는
팔을 자르는 고통이거든요.
그러니까 사는 데 한계가 있는 겁니다.
저는 그걸 중요하게 생각해요.

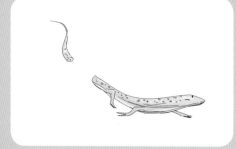

손절매 잘하면
주식 9단이란 말이 있죠.
좋아하는 음식이 뭐죠?

된장찌개요.

그럼 집에서 식사는
어떻게 해결해요?

사 먹습니다.

요리학원 다니세요.
거기 가면 예비신부들도 있으니까
좋은 색시 만날 수 있을 거요.
또 혼자 요리를 하다 보면
낮에 있었던 일을 잊을 수가 있거든.
잘 먹어야 해요. 인생을 90으로 보면
38세니까 이제 초반 간신히
넘은 것 아니오?

종목 매매 들어갑니다.
8월 28일(월) ~ 9월 1일(금)

8월 28일(월)
매매 없음

우담선생

SBI핀테크솔루션즈

300만원 매수.

2분기 영업이익 212% 증가.
단기 차트 양호.

6,169원 X 483주 = 2,979,627원
매수 완료.

넵튠

10,250원에 300만원 매수.

조금 내려갔네요.
10,200원에 매수.

넵튠이 장외 50만원 게임주
블루홀 주식을 16만 6,666주 보유.

블루홀 주식을
보유하고 있다는
의미는 뭐죠?

블루홀은 상장 안 된 게임회사인데
출시된 게임이 지금 대박을 치고 있어서
장외 1주당 50만원 호가.

그런데 넵튠이 올 초에 3만원에
16만 6,666주를 보유.

보유 지분 가치가 올라가니까
기업가치가 올라가고
추가 상승 가능. 매수 추천.

아항~! 넵튠 대박!

10,200원 X 326주 = 3,325,200원
매수 완료!

8월 30일(수)

우담선생

SBI핀테크솔루션즈

6,400원 매도.

넵튠

10,300원 매도.

수정. 10,450원 매도.

옙. 둘 다
매도 주문 넣었습니다.

넵튠
10,450원에 매도 체결.

10,450원 X 326주 = 3,406,700원
81,500원 수익.

SBI는 아직 입질 없음.

14 : 43

지금부터 인터넷이 안 되는 곳으로 들어갑니다.
위성 전화는 무용지물.
내일 오후 앨리스스프링스 시티에 들어가면
팡팡 터져서 오후 장에
매매 가능할 것으로 사료됨.

〈위성 전화 사용 불가 이유〉

호주의 카톡이 안 되는 곳에서는 서울에서
호주 오지로 위성 전화에 주문을 넣어야 하는데
위성 전화는 고정 설치하고 이동을 하지 말아야 한다.
(다음 목적지까지 이동 불가)
또 자문단에게 이런 번거로운 일을 부탁할 수도 없다.
단, 목적지 도착 시간이 오후 2시(한국시간)

이전이라면 위성 전화로 매매할 수 있다.
그러나 하루 평균 이동 거리가 350㎞ 이상이기
때문에 이것도 기대할 수 없다.

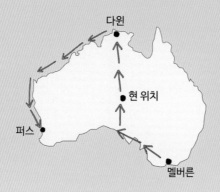

현 위치(사막)에서 다윈까지 4~5일,
그 후 서해안을 달릴 때는 마을이 많아서
카톡으로도 매매할 수 있을 것이다.

이렇게 매매가 잘 되지 않고 있을 때
남들은 한국 주식시장에서
재미 보고 있겠지. 흑흑.

8월 31일(목)

하루 종일 인터넷이 안 되다가
인터넷이 가능한 곳에 도착한 시간이
16시 50분. 장 마감이 된 시간.

9월 1일(금)

우담선생

SBI핀테크솔루션즈
6,500원 매도. 10:11

수정 6,600원 매도. 10:31

11:37 6,600원 매도 주문 완료!

11:38 6,560원에 매도할까요?

……

15 : 30 매도 주문 상태로 장 마감.

월간 누적 수익률 (8월 1일 ~ 8월 31일)

이성호
0.86

우담선생
9.98

쿼터백
−0.39

총 평가금액
(수수료 제외)
30,596,843원

VIP자문
최준철
4.29

하웅
0.67

허영만 종합수익률	코스피	코스닥
3.08	−1.64	1.13

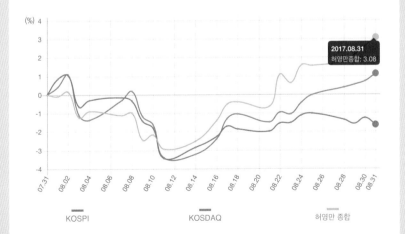

2017.08.31
허영만종합: 3.08

KOSPI   KOSDAQ   허영만 종합

3장

저평가된
가치주를 찾아라

9
자문단 VIP투자자문 최준철

자문단 VIP투자자문 최준철

- 대학 재학 때부터 주식투자, 가치투자에 눈떠.
- 졸업 후 개인투자 방식에서 탈피.
  30억 자본금으로 회사 만들었다. 직원 32명.
  현재 운용자금 약 2조.
- 안정적 투자 유지. 주가가 최저점일 때 매수.
- 여러 종목에 분산투자. 걸그룹 중 춤 잘 추는 멤버,
  노래 잘하는 멤버, 예쁜 멤버 등 다양한 멤버가 있어서
  큰 틀은 유지 가능한 것과 같은 원리.
  영화 제작사가 만든 영화마다 1,000만 명 입장객이
  들 수 없다.
- 달걀을 한 바구니에 담지 않고 나눠 담듯
  여러 곳에 투자해서 10개 중 6개 이상 맞으면 성공.
- 관심종목은 발전 가능성과 운영상태 등을
  지속해서 살핀다.
- IMF 이전에는 회사의 진로 예측이 어려웠으나
  IMF 이후에는 수익성 경영 마인드의 기초가 세워졌다.
  IMF 당시나 2000년대 초반엔 흙바닥 조금만 파도
  금덩어리가 수두룩했다.

3
천
만
원

이 만화 자문단은 다섯 분인데요.
세 분은 개인투자가이고 두 분은
자산운용사의 대표입니다.
따라서 개인투자와는
여러 가지로 다를 텐데요?

제 기본 철학은 무엇을 할 것인가를
생각하는 것보다 안 해야 할 게
무엇인가를 생각하는 것입니다.
남들이 저한테 어떻게 지금까지
살아남았냐고 물으면
저는 많은 걸 포기했다고 말합니다.

확실한 것 아니고는 쳐다보지 않는다?

예. 기업을 공부하면 예측할 수
있거든요. 예측이 어려운 기업은
포기하고 확실한 곳에 투자합니다.
제 고객들도 모험투자보다는
안정적 수익을 원하거든요.
낄 판, 안 낄 판 잘 가려서 낄 판에만
들어가야 큰 손해를 입지 않아요.

그럼 우리 만화 《3천만원》의
종목 추천도 안전빵,
장기투자 종목인가요?

안전하게 간다는 것은 등락이 적어서
독자들에게는 재미없겠지만
이 만화가 1개월 연재하고 중단할 것이
아니니까 길게 보면 눈에 띄는 결과가
있을 것입니다.
예를 들어 ○○약품이라는 회사를 보면
이 회사는 창립 이래로 매출이
후퇴한 적이 없어요.
비용 절감 노력으로 영업이익률도 높고
지속해서 성장하는 회사죠.

경쟁사는 없어요?

두 군데 있습니다.
그러니까 병원에서 링거 맞으면
3개 업체 중 하나라고 보면 됩니다.
인구가 노령화될수록 링거가 필요한
환자의 수가 늘어날 것 아닙니까.
더구나 이 회사는 불필요한 곳에 돈을
쓰지 않아요. 경영도 탄탄한 거죠.
크게 성장할 종목은 아니지만
상당히 안전한 거죠.

젊은 세대들 호주머니에
여유가 있으면 쓰지 말고
이런 곳에 넣어놔야 노후가
편안할 텐데 말이지.

제가 한 번도 깨진 적이 없는 종목은
술, 커피, 음료수, 담배, 과자 등입니다.
빠르게 소비가 돼서 없어져버리는 것들…
링거도 마찬가지죠. 수액이 혈액으로
들어가면 없어지잖아요. 또 사야 합니다.
저는 한 번 사놓고 오래 쓰는 제품 싫어합니다.

나도 오래 쓰는 것 싫어해요.
만화책 한 권 사서 돌려보고 이런 거…
한번 펼치면 지워져버리는
만화책을 만들어야겠구나.

고객이 바뀌지 않는 종목.
예전에는 술집에서 소주 달라고 하면
25도 진로 한 가지만 나왔는데 요즘은
도수도 다양하고 술 이름도 다양해서
골라서 말해야 합니다.
그래도 한 가지만 고집해서 찾는 손님들이
있어요. 그런 고객이 많은 회사,
담배도 한 가지만 고집하는 고객이 많은 회사,
이런 걸 찾아야 합니다. 소비주기가 긴
골프채나 의료장비, 이런 거 싫어해요.
아주 옛날에 싱거(SINGER)라는 재봉틀 회사가
있었어요.

우리 집에도 싱거 발재봉틀 있었어요.
아주 튼튼해요. 고장이 안 나.

고장이 안 나니까 한 번 사면 또 안 사거든요.
없어지고 닳고 고장 나고
2위와 격차가 크게 나서 마음대로 가격을
정할 수 있고, 이런 종목을 고르는 거죠.
미키마우스 같은 캐릭터 사업 괜찮아요.
파업도 안 하고, 계약해지 이런 것도 안 하고,
이걸 좋아하는 아이들은 계속 생산되니까요.

얼마 전에 워런 버핏이 IT 주식을
사지 않은 걸 후회한다고 했잖아요.

그분은 IT 쪽은 눈도 안 돌렸는데
지금 보니까 어마어마하게
성장을 하니까 아차 싶었던 거죠.

바쁠 텐데 만화 때문에
신경 써줘서 너무 고마워요.

주식시장이 더 커지고 더 많은
사람들이 관심을 가지게 하려면
선생님 같은 분이 주식만화를
해주시는 것이 너무 소중하니까요.

조선주에 다들 별 관심이 없을 때 45,000원에 산 주식이 있는데 15만원에 팔았어요. 그런데 그 주식이 50만원까지 가더군요. 아쉽지요.

우와! 10배도 더 뛰었네.

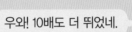

저는 바닥주 사는 데 선수인데 일찍 파는 것이 단점입니다. ㅎㅎ

큰 단점이네. 그러나 꼭짓점이 어딘지는 아무도 모르니까 뭐… 그런 변수가 있으니까 주식이 재미있는 거지.

개인투자자들은 유행에 따라 투자하는 경우가 많죠. 얼마 전 바이오에 들어갔다가… 이렇게 해서 코피 터지면 다음번엔 몰빵해서 한꺼번에 만회하려고 하는데요, 그러다가 또 터지면 재기 불능이지요.

VIP투자자문사에 돈 맡기는 사람들 성향은 어때요?

현재 생활에 불편한 점이 없고
여윳돈으로 투자하는데
은행 금리보다 낫고
안정적인 수익을 원하는 분들이죠.
"주식은 싸게 사서 길게 가야 한다"는
우리 회사의 가치투자 방식을 믿고
밤잠 편히 주무시는 분들입니다.

종목 매매 들어갑니다.
9월 4일(월) ~ 9월 8일(금)

9월 4일(월)

이성호

네패스신소재　03:13

장 시작 전 동시호가에 13,000원 매수 주문.
금액 300만원.

실적 및 재무상태는 위험해 보이지만
당장 상장폐지 같은 악재 나올 가능성 희박.

매각재료 아직 유효함.

월, 주, 일 차트 양호함.

재료도 좋고 매수세가 강하므로
악재 뚫고 오를 가능성 있음.

시장이 핵실험 충격을 단시간에
소화 못 할 정도로 패닉상태에 빠질 것
같은 분위기면 전체 보유종목 손절하고
현금 보유하면서 관망 예정임.   03:17

생각해보니 투매 나올 가능성 있음.
네패스신소재 주문 가격을   03:53
12,500원으로 정정.

투매 안 나오고 체결 안 되면
시장 상황 보고 판단하겠음.

네패스신소재는?

반도체 칩 외부를 밀봉하는 재료 EMC(에폭시몰딩
컴파운드) 제조 및 판매업체.

- 최대주주 : 네패스 외 38.46%
- 주요주주 : 에이티넘팬아시아조합 7.12%

05:52   아이고. 성호 씨, 이런 시간에
주문 고마워요.

장 시작 전이라면 9시 전이죠?

예. 맞습니다.

09:15 　주문 완료.

8시 35분에 증권사에 전화했더니만
동시호가는 8시 30분까지라 안 되고
그냥 12,500원에 주문 넣어놨어요.

정말 큰일 날 뻔했습니다.

7시 30분~8시 30분까지는 장 전 시간 외
거래라고 전일 종가 가격에 사고파는 것입니다.

장 후 시간 외 거래는 대략 15:30~16:00까지
당일 종가 가격으로 사고파는 것이고요.

전일 종가에 장 전 시간 외 거래로
매수하실 뻔했네요.

ㅎㅎ 무식이 용기!

또 한 수 습득.

장 시작 전과 장 마감 후
거래 방법이 또 어떤 것이 있죠?

시간 외 단일가 거래라는 것도 있습니다.

16:00~18:00까지 10분 단위로
종가 기준 +10% ~ -10%로
거래하는 것입니다.

아~ 머리가 복잡합니다.

혹시나 해서 투매 나올 것까지 생각했더니
시장이 빠르게 안정화되고 있음.

앞으로 몇 번 출렁일 수 있으니
현금 보유하면서 저가 매수 단기 전략이
가장 안전하면서 효과적으로 보임.

매수 유보?

네. 매수 취소.

그리고 장 전 시간 외 거래나
장 후 시간 외 거래는 가격을 정할 수 없으니
장 전 시간 외 거래 or 장 후 시간 외 거래,
매수해주세요. or 매도해주세요.
이렇게 메시지 올리겠음.

시간 외 단일가 거래는
거의 안 하겠지만 혹시 하게 된다면
시간 외 단일가로 1,000원, 이렇게.

163

저평가된 가치주를 찾아라

가격을 정해서 매수 or 매도라고
메시지 올리겠음.

옙. 매수 취소 완료!

9월 5일(화)

이성호

서울식품   13:23

6,560원~6,570원 가능액 전체 매수.

조정 완료 시점.

재상승 가능.

6,570원 X 477주 매수 주문 완료.

장을 보니 서울식품이
6,600원을 넘었어요.

서울식품은?
제빵사업(냉동생지, 빵, 스낵, 빵가루 등)과 환경사업
(음식물 쓰레기 자원화 사업) 업체.

- 최대주주 : 서성훈 외 16.20%

3
천
만
원

기다려보죠.

다시 밀릴 수도 있으니.

한 주도 체결 안 됐죠?

서울식품 주문 취소해주세요.

다음부터는 변동성이
커지기 전에
시간을 넉넉히 두고
메시지 드리겠음.

서울식품 주문 취소.

호주 최북단.
내일부터는 카톡이
원활할 것으로 사료됨.

하웅

북핵 리스크로 시장이 불안하니
잦은 매매 안 하는 것이
좋다고 판단하여
현 보유 종목 당분간 홀딩합니다.

3일(일)에 북한에서 핵실험을 했다.
증시는 죽죽 미끄러지고 있다.

VIP최준철

광주은행

100만냥.

호남에 기반을 둔 탄탄한 지역은행.
JB금융지주로의 인수 후
대출 및 이익 성장 중.
최근 금융주들 조정이 커 같이 빠졌는데
워낙에 절대 저평가 상태였다가
더 싸진 것이라 좋은 기회.

12,000원 X 83주 = 996,000원
매수 완료!

광주은행은?

광주, 전남지역을 기반으로 하는 지방 은행. 우리금융지주에서 분할한 뒤 (구)광주은행을 합병해서 변경상장. 2014년 10월 JB금융지주의 자회사로 편입.

• 최대주주 : (주)JB금융지주 외 56.98%

이제 VIP는 할당금액을
다 투입했네요.

당분간 두고 보실 건가요?
허 초짜가 보기엔 VIP 종목이
단기종목은 아닌 것 같아요.

자문단 다섯 분의 투자 개성이
조금씩 조금씩 엿보입니다.

정확히 보셨습니다.

좋은 종목을 좋은 가격에 샀으니
이제부터 장기투자 모드라 보시면 됩니다.

물론 목표가에 빠르게 도달하거나
더 매력적인 종목이 나타나거나
아이디어가 틀렸다 판단되면
매도할 수 있고요.

가격 메리트에 따라서 종목별
부분 매도를 할 수도 있습니다.

변동사항이 생기면 알려드리겠지만
아마 매매는 잦지 않을 겁니다.

눈치챘습니다. ㅎㅎ

쿼터백
자산운용

9월 포트폴리오 변경 내역

일본/중국(H) 비중 확대

앗! 오랜만에 쿼터백 등장!

이번 포트폴리오 조정에서 특이사항은
전체 주식에 대한 투자 비중은 유지하는 가운데
지역에 투자하는 종목 비중을 축소하여
중국(H)주를 신규 편입하고 일본의 비중을
확대하는 등 개별 국가의 비중이 강화되었다는 점.

- 일본 : 일본 주식시장은 10% 이상 상승한
  글로벌 주식시장 랠리에 동참을 하지 못함.
  (연초 이후 +2% 수준)
- 이런 상황에서 쿼터백은 알고리즘에 투입되는
  데이터를 근거로 향후 일본으로의 자금 유입 및
  증시 상승 가능 이유를 아래와 같이 분석함.

1) 일본 시장의 견조한 펀더멘탈 :
일본은 최근 12개월 이익 성장률이 가장 높은 국가 중
하나인 것으로 확인되고 있으며, 시장의 이익 추정치
또한 상향 조정되고 있음.

2) 추가적인 엔화 강세는 제한적 :
올해 일본 주식시장이 상대적으로 저조했던 이유는
일본 주식시장과 달러/엔 환율이 양의 상관관계를
유지하는 가운데 엔화 강세가 지속되었기 때문임.
(즉 엔화가 강세일 경우 주식시장이 하락하는 구간)

하지만 현재 다양한 지표에서 관측되는 신호(미국 중앙은행의 금리 인상 확률, 달러에 대한 투기세력의 포지셔닝, 기타 등등)는 엔화의 강세가 향후 제한적일 것으로 관측되고 있으며, 이에 따른 주식시장의 상승 가능성이 높게 나타나고 있음.

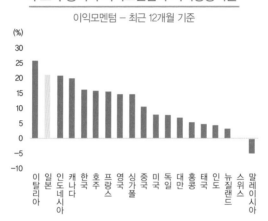

주요국 증시의 이익모멘텀과 이익상향비율

이익모멘텀 – 최근 12개월 기준

(%)

이탈리아, 일본, 인도네시아, 캐나다, 한국, 호주, 프랑스, 영국, 싱가폴, 중국, 미국, 독일, 대만, 홍콩, 태국, 인도, 뉴질랜드, 스위스, 말레이시아

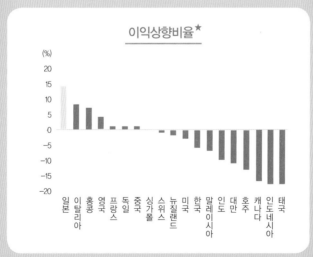

이익상향비율★

(%)

일본, 이탈리아, 홍콩, 영국, 프랑스, 독일, 중국, 싱가폴, 스위스, 뉴질랜드, 미국, 한국, 말레이시아, 인도, 대만, 호주, 캐나다, 인도네시아, 태국

※ 자료 : Datastream, 쿼터백 자산운용

★ 이익상향비율 : 이익추정치를 제공하는 애널리스트 중 이익추정치를 상향한 애널리스트 비율.

• 중국(H) : 중국 본토 대형주에 이어 홍콩에
  상장되어 있는 중국 H주 종목 신규 편입.

1) 중국(H) 시장 이익 개선 :
이익이 상향 조정되는 기업 수가 증가하는 가운데
모멘텀 역시 긍정적.

2) 안정적인 중국 환율 :
중국(H)의 경우 홍콩에 상장되어 있지만
중국 본토의 영향을 받음. 중국에 대한 리스크를
확인할 수 있는 위안화 환율은 작년 10월 이후
지속적으로 강세를 보이고 있으며, 최근 강세 기조가
강화되고 있다는 점에서 긍정적 요인으로 작용할 것.

3
천
만
원

중국(H) 지수 vs 중국위안화 (역)

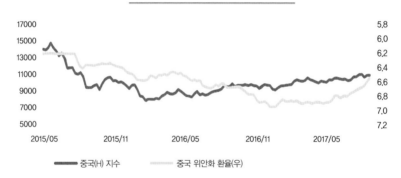

※ 자료 : Datastream, 쿼터백 자산운용

와우! 초보도 알아볼 수 있는
정보 분석입니다!

이번 매매는 비중축소 2건, 비중확대 1건,
신규매입 1건입니다.

가격은 현재 가격으로 하되
호가 갭이 너무 크게 벌어져 있는 경우
매매 전 상의 부탁합니다.

ARIRANG 선진국(합성H)
78주 보유 중 23주 매도
10,195원 X 23주 = 234,485원 1,495원 손실.

ARIRANG 신흥국(합성H)
63주 보유 중 23주 매도
10,745원 X 23주 = 247,135원 1,150원 수익.

TIGER 일본TOPIX(합성H)
9주 보유 중 18주 매수 총 27주
13,290원 X 18주 = 239,220원

KODEX China H
12주 매수
20,305원 X 12주 = 243,660원

이성호

엔케이

1,355원 매수 가능 수량 전체 매수.

1,360원 X 2,305주 = 3,134,800원
매수 완료.

엔케이는?
고압가스용기(산업용 고압용기, CNG 연료 용기, 특수산업 용기, CNG 이동 차량 용기)와 선박용 소화장치(유로선 소화장치, 자동차 운반선, 엔진룸 소화장치, 일반 선박 소화장치 등), 벨러스트수 처리장치 등을 제조 · 공급하는 업체.
신규 사업으로 해양플랜트 기자재 사업 영위.

• 최대주주 : 박윤소 외 25.91%

엔케이 낙폭과대 후 바닥 탈출하려는 흐름 중에 외국인이 대량 매도했으나 지분 얼마 남지 않아서 1, 2일 중에 전부 소화 가능.

2차 시세든 마지막 반등이든 상승 타이밍. 기업실적 적자 지속 중이고 장기차트는 아직 바닥 확인했다고 보기 힘들므로 짧게 가져갈 예정.

9월 7일(목)

이성호

케이엘넷

3,280원 전량 매도.

엔케이

1,450원 전량 매도.

케이엘넷

3,290원 X 870주 = 2,862,300원

엔케이

1,450원 X 2,305주 = 3,342,250원

매도 완료!

케이엘넷 139,200원 수익.

엔케이 207,450원 수익.

♬ ♩ ♪

수익이 쏠쏠합니다.

이성호 씨는 계좌에 남은 주식이
하나도 없습니다.
곧 좋은 종목 부탁합니다.

9월 8일(금)

이성호

한화케미칼　05:29

장 시작 전 36,050원에
남은 액수 전체 매수 주문.

실적 호조 상승 여력 충분, 상승추세 지속, 외인, 기관 매수세 지속 예상.

09:08 35,700원 X 169주 = 6,033,300원
매수 완료!

36,050원보다 350원 싸게 매수.

한화케미칼은?

세계 수준의 기술력과 사업 규모를 갖춘 한화 그룹 계열의 종합화학기업. FE(폴리에틸렌)에서 PVC(폴리염화비닐) 및 CA(염소/가성소다)에 이르기까지 일괄된 생산 체계를 구축. 2014년부터 폴리실리콘 생산 중. 연결 대상 종속회사로 플라스틱 제조업체 한화첨단소재, 소매업체 한화갤러리아/한화갤러리아타임월드, 부동산 업체 한화도시개발, 태양광 업체 한화큐셀 등 보유.

- 최대주주 : (주)한화 외 36.30%
- 주요주주 : 국민연금공단 10.06%

생각보다 외인 매도가 많이 나오네요. 09:38

한화케미칼 11:08

37,450원 전량 매도 주문 걸어놓으세요.

차후 정정 주문이나 취소하겠습니다.

13:10 호주 북부 통신 불량으로
매도 주문 불발.

주문 넣지 마세요. 14:10

어차피 오늘 상승은 힘들어요.

14:12 아유~ 건맨이 권총을
늦게 뽑아서~
미안해요.

그런데 성호 씨는
밤에 잠 안 자요?

장이 위험하지 않으면
중간중간에 조금 쉽니다.

몸 축나요.
결혼도 안 하셨는데
스스로 챙겨야죠.

우담선생

우리이티아이

1,320원. 300만원 매수.

LED. 디스플레이.
어제 급등 후 눌림목.

1,320원 X 2,272주 = 2,999,040원
매수 완료!

우리이티아이는?

우리조명그룹 계열사. FPCB(연성회로기판)의 생산 및 판매와 LED 관련 부품 판매사업. 조명용 LED-PKG 및 Mobile NFC용 FPCB 등 제조/판매. LED 패키지 및 LED 라이트바 제조업체 우리이앤엘(주) 등 보유.

• 최대주주 : 우리조명(주) 외 37.52%

10
자문단 쿼터백 자산운용

자문단 쿼터백 자산운용

- 애널리스트, 주식 매니저, 자산 배분 매니저,
  IT 전문가, 머신러닝 전문가 등 다양한 인력이 모여
  2015년 설립.
- 다양한 인력의 투자 노하우를 시스템화시켜
  자동화된 자산 배분 서비스를 제공하기 위해
  로보어드바이저 서비스를 국내 최초 도입하였으며,
  업체 중 가장 큰 자금을 운용 중.
- 영원히 오르는 자산 없고, 영원히 돈 버는
  투자 전략이 없다. 그래서 사람의 감정을 최대한
  배제한 자산 배분이 중요하다.
- 회사 이름이 쿼터백인 이유는 미식축구의
  쿼터백 역할처럼 적재적소에 고객의 자산을
  배분 운용하겠다는 뜻.
- 작년 하반기 금융위 주최로 진행된
  로보어드바이저 테스트베드
  심사에서 가장 높은 수익률 기록.

저평가된 가치주를 찾아라

후회가 돼요. 더 키웠든 쪼그라들었든 간에 주식 쪽에 관심을 가졌어야 했어요. 요즘 세대들은 나처럼 살면 안 되겠다고 생각해서 이 만화를 시작했어요. 거금 3,000만원을 투자해서…

주식이나 펀드 같은 거 한 번도 안 해보셨어요?

잠깐, 딱 한 번. 5천만원 넣었다가 2.5배 됐는데도 그냥 놔뒀더니 3천만원 남더라고요. 바로 그만뒀죠. 그리고 펀드 뭐 이런 것 보면 눈에 확 띄는 수익률이 없어요.

기대수익률이 높으신 거죠.

연 20%면 높은 거요?

계속해서 연간 20%를 기대하신다면
엄청나게 높은 겁니다. 기대 수익률이 20%면
반대로 20%도 빠질 수 있다는 점을
고려하셔야 합니다.
그런데 저희는 고객의 성향에 맞게 변동 폭을
낮춰서 중위험 중수익에 맞춰져 있는 상품입니다.
요즘 은행 이자는 1~2%니까 안정적으로
4~7% 수익만 나도 좋겠다는 고객이 많거든요.
고객에 대한 질문 중에 이런 것들이 있어요.
연소득이 얼마냐, 자산 상황이 어떨 것 같은가,
지금 수입원은 어떻게 변하길 원하는가,
금융자산은 얼마고 투자 경험은 있는가.
이러한 질문을 토대로 감내할 수 있는 손실에
맞게 운용을 해드린다는 게
로보어드바이저의 특징입니다.

우리 젊을 때는 은행에 적금하면
3년에 더블이 됐어요.
서른 살에 억대 부자 되겠더라고요.
이거 뭐 돈 버는 것 우습네?
그런데 그다음부터는
은행 이자가 뚝뚝 떨어졌어요.

저희는 투자방식, 투자대상도
운용사와는 달라요.

거기는
가치투자 아니오?

가치투자도 전략 중 하나겠지만
한 가지 전략만으로 투자하지는 않습니다.
저희는 자산 배분을 시스템으로 하는
운용사입니다. 미국에서 시작된 로보어드바이저는
웹사이트를 통해 투자성향을 묻고 개인 위험 성향에
맞는 ETF(주식연동펀드) 포트폴리오를 추천합니다.
보통 일반적으로 국내 가치투자 전략은
국내 주식으로 시세차익을 얻는다면
저희는 미국, 중국, 아니면 원유, 금 같은
특정 자산을 결합하여 시장이 크게 흔들리고
떨어져도 꾸준한 성과를 내는 걸 추구합니다.
저희는 ETF를 활용하기 때문에
주식처럼 거래할 수 있고,
쉽게 금이나 은도 살 수 있습니다.

그러면 단기적으로 독자들에게
성과를 보여주려면 시간이 좀 걸리겠네요?

투자 종목은 월간으로 시스템에서
추천이 됩니다. 특정 신호 발생 시에는
월중에도 바뀝니다.

배당금액이 600만원인데
적겠네요?

아닙니다. ETF가 좋은 게
주식처럼 상장되어 거래되는 겁니다.

개별 주식이 아니라 시장 자체를
샀다고 보시면 됩니다.

???

수천 개 종목을 직접 한 번에
사고파는 게 불가능하니
ETF를 통해 미국이 좋으면
미국시장을 사고,
안 좋으면 파는 겁니다.

그러면 거기서 수익이 날 때
수수료를 받아서 회사를 운용해요?

일반 자문사/운용사와 마찬가지로 맡기신
자금의 일부를 선취 또는 후취 방식으로
수수료로 부과하고 있습니다.
로보어드바이저는 모든 것이
시스템화되어 있기 때문에 장기적으로는
온라인(대면)으로 상품 가입 가능 시
수수료도 대폭 낮출 수 있을 것으로
기대됩니다.

우리 실정은 직접
대면해야 하죠?

그렇습니다.

지금도 쿼터백 같은 회사가 많은데
앞으로는 더 많아지겠죠?
경쟁이 세겠어요.

우리 업계 전체 운용자금이
2천억 정도로 추정되는데, 쿼터백이
1,700억 정도 운용하고 있어요.

얼마 안 되네.

예. 지금은 적습니다.
시작 단계인 시장이니까요.
하지만 이해도가 높아지고 있고
신뢰가 쌓이는 중이니까
급속도로 늘어날 것입니다.

로보어드바이저가 가진 장점은 인간이
감정적인 데 비해 감정이 없다는 거죠.
심리상태에 영향을 받지 않는다는 거죠.
요즘 매스컴에 인간 투자가와
로보어드바이저가 경쟁하는 걸
자주 볼 수 있는데, 짧은 기간에서는
우열이 확실치 않더라고요.

단기적인 경쟁으로
판단하기는 쉽지 않습니다.

일반인들은 돈을 맡기고 잊어버릴 정도로
회사에 믿음이 가야 할 텐데.

자동주행시스템이 요즘 화두잖아요.
이것이 운전을 엄청 잘하는 전문 레이서보다는
운전을 잘 못 할 수 있지만 평균 실력 이하인 사람,
환자, 지리를 잘 모르는 사람, 졸음이 많은 사람보다는
안전하게 운전을 해줄 수 있지요. 과속도 하지 않고요.
우리 회사가 엄청난 수익을 내겠다는 것이 아니라
시장에 따라 꾸준하게 수익을 믿고 맡길 수 있는
그런 상품을 만들어드리는 거죠.

그러니까 쿼터백은
카레이서가 운전하는 차가 아니고
자동주행시스템으로 운전하는
자동차라 이 말이네요.

네, 맞습니다. 로보어드바이저의 경우
이세돌과 알파고의 바둑 대결 이후
금융에도 4차 산업혁명과 관련하여 관심이
높아졌고, 그 이후로 쿼터백에 대한 관심도
높아진 것이 사실이죠. 현재의 쿼터백 알고리즘이
완벽한 인공지능이라 할 수 없지만, 앞으로
이러한 분야의 연구개발은 지속될 거예요.

이번 주 이슈는
〈중국의 사드 보복 후 롯데마트 철수와 후폭풍 대비 투자〉
입니다. 의견 많이 주세요.

우담선생

1) 사드 배치와 중국의 보복성 대응으로
롯데를 비롯해서 중국 연관 우리나라 기업의
피해액 규모가 8조 5천억에 이른다는
언론 보도가 있었습니다.

대표적인 중국 관련주인 면세점주, 화장품주 등이 많이 하락했고 중국의 보복이 장기적으로 지속할 것으로 예상되는 바 낙폭과대에 따른 저가 매수 시기도 대북 리스크가 해소되는 시기를 봐가면서 하는 것이 좋겠습니다.

길어지겠죠. 어찌 보면 중국을 잊어버려야 할지도 모릅니다. 실제로 중국 진출했다가 껍데기 벗기고 쫓겨난 경우가 많다고 합니다.

2) 중국의 사드 보복으로 롯데 · 이마트 철수, 현대차 고전 등의 영향과 더불어 첨단기술 유출 등 향후 리스크에 대비해서 디스플레이 분야 중국 라인 증설, 투자 확대를 계획하는 기업에 정부가 자제 요청을 함으로써 관련 업종에 대한 리스크도 면밀히 살펴보아야 합니다.

현재 중국에서 제 몫을 하는 업종은 무엇입니까?

중국은 우리 돈으로 일 년에 약 300조 정도 반도체를 수입하고 있습니다.

아직까지 반도체는 여유가 있는데 지난해 '반도체 굴기'라고 해서 중국 정부가 나서서 집중 투자와 육성을 하고 있지요.

**VIP자문
최준철**

그래서 저희는 중국 주식으로만 이뤄진 중국 포트폴리오를 따로 운용합니다.

한국 기업이 중국에서 한 자리 차지하기가 무척 어렵습니다.

이성호

중국의 사드 보복으로 인하여 직접적으로 피해 보는 기업을 두 부류로 나눈다면

하나는 실질적으로 중국 관련 매출이 주를 이루는 기업.

하나는 약간의 피해는 있지만 다른 돌파구가 있는 기업인데

첫 번째에 해당하는 기업은 기업의 존폐를 알 수 없을 정도로 힘들어질 수 있으므로 사드 보복이 확실히 끝날 때까지 배제해야 할 것이고

두 번째에 해당하는 기업은 중국 관련
매출을 배제한 것보다도 저평가된다면
저점 매수는 가능할 것으로 보입니다.

사드 보복이 더 심해져서 더 많은
기업들이 피해를 본다면

그 효과가 기업 및 증권시장에 악영향을
끼치면서 전체 기업을 흔드는 상태가
될 수 있으므로 그때는 관망해야 할 것이나

현재 사드 보복도 시간이 제법 흘러가고
있어서 해당되지 않는 기업은
아직까지는 괜찮을 거라 보여집니다.

항상 악재에 대처하는 방식은 비슷합니다.

직접적인 영향이면 중간에 섣불리
매수하지 말고 악재 해소 및 바닥 확인 후 진입,
저평가 및 바닥 확인이 어렵다면

악재에 해당되는 기업, 또는 증권시장이
안정될 때까지 관망하면 될 것 같습니다.

하웅

주식은 실적이 곧 주가인데요.

그보다 더 중요한 것은 회사의
미래에 대한 꿈이거든요.

지금 사드 피해주라는 종목들 대부분이 화장품, 자동차 등등 그동안 10배 이상 올랐던 종목들입니다.

반 토막 났다고 저가 매수 안 하는 게 낫다고 보여집니다.

자문단 여러분들, 의견 고맙습니다. (꾸벅)

종목 매매 들어갑니다.
9월 11일(월) ~ 9월 15일(금)

9월 11일(월)

이날 영만이는 호주의 푸눌룰루 국립공원으로
아침 7시부터 들어갔다. 오지라 카톡이 될 턱이 없다.
차가 떠난 후에 이날 월요일 장이 열린다는 걸
알았지만 중간에 탈출 못하고 오후 5시에
캠프에 도착했으니…. 멍청이!

이성호

한화케미칼   08:02

37,400원 전량 매도 주문 걸어주세요.

...... 08:06

주문 걸었습니까? 08:06

......

그럼 36,950원에 매도 주문이요.

......

인터넷이 안 되는 곳에
계시나 보네요.

어쩔 수 없죠. 다행히 위험한
기업은 아니니까.

17:14 앗. 죄송합니다.

지금에야 카톡 가능 지역 도착!

한화케미칼 38,700원
전량 매도 주문 걸어주세요. 17:17

지금 내일 장 예약주문이 가능합니다.

오늘 16시부터 내일 아침 7시까지
내일 정규장 예약주문이 가능합니다.

17:23 시간이 지났네요.

예약주문 시간은 앞으로
13시간 30분이나 남았는데요.

17:31

나는 전화로만 주문할 수 있어서
현재는 시간 외 단일가로 해야 하고
내일 아침 8시 반 이후에 주문 가능하다네요.

내일 주문할게요.

아! 그건 생각 못 했습니다.

ㅎㅎ 초짜라서 불편한 게 많죠?

9월 12일(화)

08:35 36,950원 매도 주문 완료.

38,700원 정정 매도 주문해주세요. 08:51

08:59 완료.

09 : 25 현재 한화케미칼 주가 36,950원.
과연 38,700원까지 올라갈 수 있을까?

한화케미칼 시장가 매도 주문
해주세요. 죄송합니다. 09:28

아! 포기하는구나.

09:33 36,800원×169주 = 6,219,200원 매도 완료!

38,700원까지 올라가려나…
그 상황을 지켜보는 재미가 있었는디
떨어지길래 연락이 있으려나…
그런 참이었어요.

외국인이 어제처럼 대량 매수할 수
있다고 생각해서 조금 기다렸으나
오히려 외국인 매도가 더 많이
나오는 것 같아서 손 털었습니다.

오를까 내릴까, 오르면 내가 목표한 대로
오를까… 이런 것이 재미를 주는군요.

한편 우담선생

08:36 우리이티아이 1,500원에
예약 매도 주문했습니다.

여엉~ 입질이 없다.
목표가까지 올라오질 않아.

14:50 이대로 장 마감까지 기다리나요?

개별주(개인매매 참여가 높은 주식)는
시세의 연속성이 떨어지기 때문에
오늘은 그냥 놔두세요. 14:54

옙.

내일 다시 2,550원에
매도 주문 내세요. 14:56

엥? 1,500원에서
2,550원으로 상향 조정입니까?

정정이요. 1,550원에 매도 주문. 14:59

매도 주문 완료!

그렇게 12일(화)은 지나갔다.
13일도 우리이티아이는 매도 체결이 되지 않았다.
시장가보다 비싼 것이다.
우담선생은 밀어붙이기를 하고 있다.
14일(목) 결과는 어찌될까?
1,550원에 체결이 될까?
우담선생이 주가를 하향 조절할까?
1,550원에 매도 체결되면
1,320원에 샀으니까 230원이 남는다.
230원 × 2,272주 = 522,560원 수익이 나는데
우리이티아이의 13일 종가는 1,440원이다.
과연… 14일(목) 개장이 기다려진다!

9월 14일(목)

13 : 46
이 시간까지 우담선생의 연락이 없다.
계속 밀어붙이는 건가?

다음 주로 넘어가는 겁니까?

치과 치료가 있어서 늦게 봤네요.
내일 매수 · 매도 주문 내지요.   15:04

옙.

주말 장까지 보는구나.

우리이티아이   15:25

시장 종가 매도하세요.

15:33 앗! 30분이 넘었습니다.

내일 장 전에 넣을까요?

20~30분 사이에 주문을 넣으면
종가로 체결되지요. 15:35

시간 외 매도하세요.

15:38 1,455원 시간 외 종가
매도 주문 완료.

체결 확인하세요. 15:40

15:45 1,455원 X 2,272주 = 3,305,760원
체결 완료!

306,720원 수익.

아~ 1,550원에 매도 주문 넣었는데
1,455원에 끝났네요. 재미있는 승부였습니다.

9월 15일(금)

하웅

셀트리온 11:17

보유주 절반 매도.

앗! 하웅 씨.
24일 만에 등장.

셀트리온 51주 중
25주 매도 완료.

128,000원 X 25주 = 3,200,000원

380,000원 수익입니다.
땡큐.

절반을 남기는 건 더 오를
가능성이 있다는 건가요?

하웅

네. 거래소 이전 상장이슈.

하지만 안전하게 반 수익 실현.

다 팔았으면 수익 액수가
확 늘었을 텐데…

오늘 셀트리온 상장 후 최고가 돌파했으니 반은 다음 주까지 홀딩.

남은 투자금은 추후 전기차 업종을 추천하겠습니다.

결과가 궁금해요~ ㅎㅎ

평화산업　13:29

2,050원 전후 2,000주 매수.

13:31　전화 불통 지역.

계속 시도 중.

13:47　지금 2,065 ~ 2,070원.

그래도 살까요?

2,070원 전후에…　13:48

13:50　지금은 또 2,100원이 넘었어요.
2,080원에 주문 넣었습니다.

매수 완료.

2,070원에 1,000주
추가 매수하세요   13:54

14:04   통화 불능 지역.

계속 시도 중.

14:20   2,077원 X 1,000주＝207,7000
매수 완료.

14:42   평화산업 메리트는 뭔가요?

평화산업

자동차부품

이번 주 시장 중심주가 2차전지, 수소차였는데
해당 종목이 시장 분위기와 맞는 종목임.

2,050원이 일중 저점인 관계로 매수 추천.
종가는 매수가 대비 40원 상승 예상.

월요일에도 통신 불량이면
아침에 미리 매도 주문 내세요.

2,250원에 3,000주 매도.

접수.

평화산업은?
자동차 및 일반 산업용 전문부품 제조업체. 자동차
의 연료공급장치, 냉각장치, 조향장치, 제동장치, 난
방장치 등에 들어가는 차량용 호스 제품과 기타 고
무 관련 제품 및 방위산업용 특수차량 부품 생산.
국내 완성차 메이커인 현대, 기아, 한국GM, 쌍용자
동차 등과 방위산업체에 공급.

• 최대주주 : 평화홀딩스(주) 외 82.90%

분초를 다투는 순간에
전화 소통이 매끄럽지 않아서 답답했다.

11
가지 많은 나무 바람 잘 날 없다

주식투자에 이런 말이 있다.
"주식 격언을 모르고 주식투자를 하지 말라."

저평가된 가치주를 찾아라

주식투자에 대한 격언은 주식시장이 생기기 전부터
중세 유럽에서 물건을 사고팔면서 생긴 경험담을
모은 것과 주식시장이 생긴 후의 경험담을 모은 것이다.
많은 투자가들이 성공과 실패를 거듭하면서 나온
시세의 속성, 투자 요령 등을 말하는 것이다.

먼저 경험한 자들의 경험담을 듣고
좋은 것은 내 것으로 만들고
나쁜 것은 따라하지 않으면 된다.

인간이 태어나서 철이 들고 주식시장을 경험할 수
있는 시간은 고작해야 50년 안팎이다.
마지막 즈음에 이런 부류가 있을 것이다.

함정을 피하고 꽃길을 택하는 것은
현명한 자의 길이다.

저
평
가
된
가
치
주
를
찾
아
라

가지 많은 나무 바람 잘 날 없다.

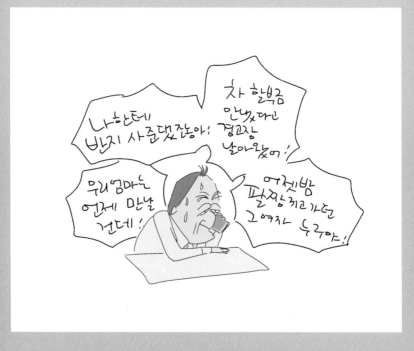

괜찮아 보여서 하나둘 사 모은 종목이 많다 보면
관리를 제대로 할 수 없다.
손절매 시기를 놓칠 수 있고, 매수 타이밍을 놓칠 수 있다.
이러다 보면 수익률이 나빠지는 것은 당연하다.
보통 개인이 관리하기 좋은 종목 수는 20개 전후라고 한다.
가지 많은 나무 바람 잘 날 없다.

저평가된 가치주를 찾아라

종목 매매 들어갑니다.
9월 18일(월) ~ 9월 22일(금)

이번 주 이슈는 우담선생의 평화산업 3,000주와
하웅 씨의 셀트리온 보유주 절반의 결과이다.

9월 18일(월)

우담선생

> 평화산업
> 2,250원에 3,000주 매도 주문 넣으세요.   08:50

> 옙.

> 또 승부!

하웅

> 셀트리온 나머지 주식 시가 매도.
> 수익 실현.   09:52

> ?

> 카톡 안 되는 곳에 계시나요?
> 팔 타이밍인데…

이 시간에 허영만은 오지에서 연락 두절.
12시쯤 위성 전화로 확인 후 매도 주문을 했다.
이날 셀트리온의 주가는 폭등했다.
늦게 매도한 관계로 큰 수익이 났다.

매도 완료.

141,200원 X 26주 = 3,671,200원
수익 738,400원

만세!

9월 19일(화)

 우담선생

평화산업   09:22

지금 2,170원 전량 매도 주문.

2,250원에서 80원 다운.

09:29   매도 전화 중.

09:32   계속 전화 중.

09:35   계속 시도 중.

일중변동성이 크기 때문에
실전 매매도 무척 어려운데
리딩하면서 제대로 전달도 안 되는   09:35
상황이라 너무 힘듭니다.

죄송.

09:38　매도 주문 완료!

하웅

엔씨소프트

투자금의 절반 매수.

리니지 모바일 버전의
지속적 매출 증가 기대.

462,000원 X 7주 = 3,234,000원
매수 완료!

엔씨소프트는?

리니지 시리즈, 길드워 시리즈, 아이온, 블레이드 &
소울 등을 개발한 온라인게임 전문업체. 주 매출원
은 게임 서비스를 통한 정액제 및 아이템 등의 판
매를 통한 매출. 리니지 M, 블레이드 & 소울 모바
일, 프로야구 H2 등 모바일게임 사업도 영위. 기타
사업으로 계열회사인 (주)엔씨다이노스 프로야구단
을 통해 프로야구 서비스업도 하고 있음. 완구용 드
론 제작업체인 바이로봇 지분 보유.

• 최대주주 : 국민연금공단 12.34%
• 주요주주 : 김택진 11.98%
　　　　　　넷마블 게임즈 8.89%

이성호

유바이오로직스　14:34

5,170원~5,210원 300만원 매수.

최근 바이오 업종이 대부분
급등한 것에 비해 상승하지 않았음.

바이오 업종 내에서 순환매 가능성 있음.

기술적 분석상 단기적 조정
끝나가는 것으로 보임.

반등이나 재상승 가능한 시점.

14:49　통화 중.
계속 시도 중.

14:59　5,210원으로 매수 무리.
현재 5,280원

어쩌죠?

5,230원 매수 주문!

50원이나 차이 나는데?

체결 안 되면 어쩔 수 없죠.

마지막 거래가 너무 터져서
다시 조정할까 봐 찜찜하네요.

15:01 5,230원 주문 완료!

15:32 5,230원 X 571주 = 2,986,330원
매수 완료!

차이가 나서 체결 안 될 듯했는데 됐다.
시가대로 사는 것이 아닌가 보다.

유바이오로직스는?

물리, 화학 및 생물학 연구개발 업체로 생물학적
제제 제조, 바이오 의약품 연구개발 사업 업체.
주요제품은 경구용 콜레라 백신 치료제 유비콜이
있으며 유비콜의 제품화 경험 및 노하우와 자체
기술로 확립한 접합 단백질(CRM197)을 기반으로
장티푸스 백신, 폐렴구균 백신 등 국내외 시장을
겨냥한 세균 백신 개발 중.

- 최대주주 : (주)바이오써포트 외 24.72%
- 주요주주 : 한국투자파트너스 8.22%

SK네트웍스 15:36

장 후 시간 외 거래 전체 매도 주문.

오래 들고 가려고 한 건데
혹여나 싶어서 청산하고
더 좋은 종목으로 찾아볼게요.

저번 웹툰 댓글에 자문단이 증권시장을
망치는 단타쟁이만 모였다고 비난하는 걸
보고 장기투자 위주로만 하려고 했는데…
좀 더 신경을 써야 할 것 같아요.

댓글 신경 쓰지 마세요.
저는 지금까지 제 만화에 대해
올라오는 댓글 한 번도 안 봤어요.
무심코 올린 글이 내 가슴에
비수로 꽂힐 수 있기 때문이고
큰 흐름을 방해할 수 있기 때문이죠.

흔들리지 마세요. 파이팅.

네. 그 후로는 안 보고 있습니다.

15:46   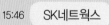SK네트웍스

7,100원 X 420주 = 2,982,000원
매도 완료! 손실 16,800원

SK네트웍스는?

K그룹 계열의 종합상사. 사업 부문은 정보통신(이동통신 관련 유통사업 등), 에너지 마케팅(일반 석유류 관련 유통 사업 등), Car Life(차량 경정비, 중고차, 렌터카, 수입차 등), 상사(철강, 에너지, 화학 상품의 국내외 무역 및 석탄자원 개발 등), 워커힐(쉐라톤 호텔, W호텔, 면세점, 인천공항 환승 호텔 등) 등으로 구분. 주요 종속회사로 SK매직, SK핀크스 등 보유.

- 최대주주 : SK(주) 외 40.20%
- 주요주주 : 국민연금공단 7.17%

9월 20일(수)

이성호

대한해운   04:50

36,350원 장 개시 전 300만원어치 매수.

해운업 업황 호조 지속 예상.
기술적 분석 양호.

엡.

대한해운은?

철광석, 석탄, 천연가스, 원유 등의 에너지 및 자원을 전문적으로 수송하는 대표적 벌크선사로 LNG선, 탱커선 등의 해운업 영위업체. 포스코, 한국가스공사, 한국전력 등이 주요 거래처.

- 최대주주 : (주)티케이케미칼 외 50.20%
- 주요주주 : 국민연금공단 8.86%

유바이오로직스 08:54

5,990원 전량 매도 주문.

미리 적당한 가격에 주문 넣어놓고
정정이나 취소하겠습니다

주문 완료.

그런데 너무 높게
주문 넣은 것 아닌가요?

급등한다면 중소형주는 10% 이상
급등할 가능성이 있으니
좀 높게 주문 넣었습니다.

대형주는 보통 오르면 3~7%,
중소형주는 10~20%도 오릅니다.

그 대신 중소형주는 올랐다가 다시 밀리는
경우가 많고 대형주는 기관, 외인이 많이
거래해서 그런지 안정감 있게 오른 후
잘 안 떨어집니다.

꼭 그렇다는 건 아니고 최근 흐름이 그렇습니다.

더구나 우리는 빠른 주문이 안 되기 때문에
급등한다는 가정하에 미리 적당한 가격에
주문한 겁니다.

알았습니다.

자문단 한마디 한마디가
전부 버릴 것이 없어요.

대한해운 15:07

시장가 매도.

같은 업종인 팬오션이 블록딜★로 인한
하락에서 못 벗어나면서 같이 주가 하락
가능해서 손절합니다.

★블록딜(block deal) :
주식을 대량으로 보유한 자가 대량 매도를
위해서 인수할 매수자(보통 기관 or 외국인)를
구해서 시장에 영향이 미치지 않도록 장 마
감 후에 지분을 넘기는 거래. 보통 종가 대비
약간 할인된 가격에 주식을 거래한다.

35,518원 X 88주 = 3,125,584원
매도 완료.

손실 72,416원

9월 21일(목)

하웅

엔씨소프트 손절 매도.　09:11

외국인의 강한 매도로 조정 불가피.

단기 위험.

매도 완료.

452,000원 X 7주 = 3,164,000원

손실 70,000원

매매 가능합니까?　14:33

가능.

SK하이닉스.

남은 금액 50% 매수.

누구나 아는 종목이라 따로
매수 이유 달지 않겠습니다.

83,200원 X 40주 = 3,328,000원 매수 완료.

뻔히 알아도 모르는 독자들을 위해서
매수 이유 말해주세요.

도시바 인수로 불확실성 해소.

도시바 반도체 인수로 삼성전자와
양강 체제 구축.

현재 최고가로 부담스러우나
대세 상승 시 싸게 살 수 있는
기회 안 올 가능성 많아 금일 매수.

도시바 인수 결정됐나요?

하이닉스가 포함된
컨소시엄과 매각 계약.

3
천
만
원

SK하이닉스는?

SK그룹 계열의 세계적인 메모리 반도체 전문 제조업체. 주력 생산 제품은 DRAM과 낸드플래시 및 MCP(Multi Chip Package)와 같은 메모리 반도체. 2007년부터 시스템LSI 분야인 CIS(Cmos Image Sensor) 사업에 재진출해서 종합반도체 회사로 영역 확장 중. DRAM의 경우 세계 유수의 PC관련 전자업체에 제품을 공급 중이며 낸드플래시는 Apple 등 세계적인 PC 및 스마트폰 제조업체, 메모리 모듈업체, 휴대용 저장장치, SSD, 메모리카드 생산업체 등에 제품 공급 중.

• 최대주주 : SK텔레콤(주) 외 20.72%
• 주요주주 : 국민연금관리공단 10.37%

장기투자용 같아요.

네. 일단 지켜보죠.

이성호

생각보다 시장이 나빠지고 있어요.   14:53

코스피는 삼성전자, SK하이닉스가
받치고 있고 코스닥은 셀트리온 그룹이
받치고 있어서 급락같이 보이지 않지만
이는 착시효과처럼 보입니다.

하락 종목 수가 상승 종목 수의
3배가 넘어갑니다.

참고로 삼성전자, SK하이닉스 시가총액 비중이
코스피 전체 시가총액의 20%가 넘고,
셀트리온 그룹 시가총액이 코스닥 전체
시가총액의 10% 이상인 걸로 알고 있습니다.

그렇게 한곳에 편중되어 있으면
어떤 문제가 생길까요?

한곳에 편중되어 있다고 꼭 문제만
있다고 생각하지는 않습니다.

오늘만 보더라도 삼성전자와
하이닉스가 지수를 받치고 있었죠.

다만 삼성전자에 큰 문제가 생겼을 때는
증시뿐만 아니라 한국 경제 전체가 흔들리겠죠.

그만큼 삼성 그룹의 경제규모 자체가 워낙 커서
의존도가 높을 수밖에 없는 구조입니다.

앞으로 좋은 글로벌 리더 그룹이
많이 나온다면 안정감이 생기겠죠.

그런데요, 저는 경제학도는 아닙니다. ㅠㅠ

오늘 코스피 지수가 0.24% 빠졌는데 상승한
종목이 200개가 안 되고 하락한 종목이
600개가 넘는다는 말씀을 드린 겁니다.

그래서 증시는 많이 안 빠졌지만
착시효과라고 한 겁니다.

덧붙이자면 코스피 전체 시가총액이
대략 1,550조 정도인데 삼성전자 342.5조,
삼성전자(우) 39.3조, SK하이닉스 60.4조이므로
시총 비중을 합치면 대략 30% 가까이 됩니다.

그리고 코스닥 시가총액이 대략 240조,
셀트리온 17.9조, 셀트리온헬스케어 7.3조이므로
대략 10% 정도 됩니다.

경제구조가 가분수가 아니고 아래가 튼튼한
구조였으면 하는 바람이 생깁니다.

하웅 씨 셀트리온 보유주 나머지는
아주 좋은 수익을 냈고
이성호 씨 유바이오로직스 매수 주문은
가격 차이가 나서 성사되지 않았고
우담선생 평화산업 매도 주문은 물고기가
수면 하단에서 놀고 있어서 입질이 없는 상태.
결과는 내일 금요일로 넘어갑니다.

9월 22일(금)

유바이오로직스

전체 시장가 손절 매도해주세요.

아! 욕심을 버리는 순간!

5,060원 X 573주 = 2,899,380원
매도 완료.

손실 97,070원

13:10   우담선생

평화산업 매매는 다음 주로 넘어가는 거죠?

우담선생

개별주는 한 번의 매도 기회를
놓치면 큰 손실로 연결되지요. 13:12

그래서 어째야죠?

계륵★이지요.

★계륵 : 닭갈비

흐흐. 버리자니 아깝고,
갖고 있자니 먹을 게 없고…

수익 실현할 수 있는 걸 제대로 대응하지
못하면 큰 손실로 연결된다는 걸
보여주는 좋은 사례이지요.

지금 코스닥 분위기가
며칠 사이에 너무 나빠졌어요.

손절하기에 늦어서 다음 주에 보지요.

다음 주도 시장이 좋을 건 없어요.
추석 장기 연휴를 앞두고 일단 팔고
넘어가자는 분위기일 겁니다.

예예…

우담선생이 9월 15일에 평화산업 주식을
평균 2,077원에 3,000주 매수했다.
오늘이 22일.
오늘은 주식시장을 볼 수 있는 인터넷이
먹통이라 어떤 변화가 있었는지 모르겠다.
어쨌든 매매는 다음 주로 넘어가는데…

12
값진 보석은 땅 깊숙한 곳에 있을수록 가치가 있다

3
천
만
원

사람 눈에 띄는 주식은 먹을 것이 없다.
반드시 제값을 평가받지 못하는 주식이 있다.

투자자들은
항상 저평가된
가치주를 찾는 것을
게을리하지 마라.

기업의 주식 가격을 평가할 때는
성장성, 수익성, 안정성
세 가지 요소를 따진다.

여기는 보석이
많으니 성장성과 수익성이
좋고 주위에 경쟁자가
없으니 안정성도 좋다.

이 세 가지를 고루
갖춘 종목은 현재 주목받지
못하더라도 시간이 지나면서
제값을 한다.

종목 매매 들어갑니다.
9월 25일(월) ~ 9월 29일(금)

호주에서의 마지막 주.
시장은 계속 나빠지고 있다.
보유주 중 큰 관심은 우담선생의 평화산업.
계속 손실을 내고 있었는데
과연 어떻게 마무리가 될까?

9월 25일(월)

 하웅

매매 가능하세요?　12:45

12:48　가능!

엔씨소프트　13:43

재추진합니다.
남아 있는 투자금액 전부 시가 매수요.

예?

엔씨소프트!
며칠 전 19일에 샀다가
21일에 손절매한 종목인데요?

뭔가 가능성을 캐낸 듯…

443,500원 X 7주 = 3,104,500원
매수 완료!

남은 매수금액은요?

자투리 조금 있습니다.

엔씨소프트 1주 사는 데
모자랄 만큼.

가능한 액수까지 SK하이닉스
1주라도 더 매수.

아! 싹싹 긁어서 빈틈없이!

잔액 395,000원

SK하이닉스
85,400원 X 4주 = 341,600원
추가 매수 완료!

SK하이닉스 보유 40주에다
4주 추가, 총 44주 보유!

네. 수고하셨습니다.

별말씀.

엔씨소프트를 재매수하는 이유는?

저평가된 가치주를 찾아라

3분기 실적 기대.

국내 기관의 차익 실현
마무리 국면 추정.

현재 우리나라 주식시장 주도주는
반도체, 전기차, 게임, 바이오.
그중 SK하이닉스는 반도체 대장주,
엔씨소프트는 게임 대장주여서입니다.

옙!

15 : 25

시간은 계속 흘러가고 있다.
우담선생의 평화산업주는 총 3,000주 보유.
매수가는 평균 2,077원. 현재 종가 1,670원.
1,221,000원 손실 중.
그러나 우담선생은 묵묵부담.
이번 주에 내놓을 비방은 무엇일까?

9월 26일(화)

하웅

하이닉스 전량 매도.　13:26

단기 고점 가능성.

하루 하락 폭 과대.

소나기 피하고 보겠음.

82,200원 X 44주 = 3,616,800원
매도 완료. 손실 52,800원

무슨 일 있나요?

장이 왜 이렇게 빠지죠?

대북 리스크에 장이 얼었음.

아~

우담선생~ 계륵이 썩고 있어요~
장 마감까지 우담선생 묵묵부답.
답답해서 먼저 연락할까 하다가
브레이크 꾸욱!
순탄한 투자도 좋지만 이런 곡절이 있어야
독자들에게 좋은 메시지 전달이 있겠지 싶다.

너무 단타를 안 하려 했는데
떨어지는 걸 뻔히 보자니
어쩔 수가 없네요.

단타, 장타 걱정 말고
때려주세요. 파이팅!

이성호

원풍물산 14:01

3,440원 1,000주 매수.

미국 제약회사 관련 재료 존재하고 눌림목으로 보여 매수.

14:06

현재 3,445원.
3,440원에 매수 주문 완료.

14:28

3,440원 X 1,000주
매수 완료.

내일 상승하든 하락하든 매도할 예정.

원풍물산은?

신사복 전문 제조 및 판매업체. 고가의 수입브랜드인 KINLOCH ANDERSON과 자체 브랜드인 BOSTON MANOR 등을 생산하여 직영점, 대리점 등을 통해 판매.

• 최대주주 : 이두석 외 35.51%

VIP자문
최준철

요즘 중소형 가치주가
계속 고생입니다.

9월 들어서 전반적으로
낙폭이 상당히 큽니다.

그렇습니다.

이럴 때 처신이 어렵죠?

SK가스가 많이 빠지는데
발전 자회사 관련된
악재 때문입니다.

회사가 합리적인 방법을
찾아나갈 거라 믿지만
요즘 정책에 대한 두려움이 커서
단기간 주가 하락은 어쩔 수가 없네요.

장기적으로 믿으며
버티겠습니다.

하루 이틀에 끝날
일이 아니니 소신껏!

우담선생

평화산업 06:17

1,880원에 전량 매도 주문.

앗! 우담선생 나타나셨군요.

계륵 다 썩는 줄 알았습니다.

그런데 어제 종가가 1,735원인데
너무 높은 매도 주문 아닌가요?

체결이 안 되면 추석 연휴
이후로 넘어갑니다.

옙!

9월 28일(목)

이성호

원풍물산 07:52

3,500원 전량 매도 주문.

!

정정. 08:22

시장가 매도 주문.

3,455원 X 757주
3,450원 X 243주
매도 완료.

수익 13,785원.

♬

결국 이렇게 장이 끝나고
추석 연휴 이후로 넘어가버렸다.
우담선생의 평화산업의 리스크가 매우 큰데
연휴 이후 어떻게 꾸려나갈 것인가 주목된다.
매도 주문한 1,880원에 체결이 된다 하더라도
손실이 591,000원이 된다.
주식투자가 이런 것인가 보다.
매도 포인트 놓치면
천국과 지옥을 왔다 갔다 할 수 있다.

월간 누적 수익률 (9월 1일 ~ 9월 29일)

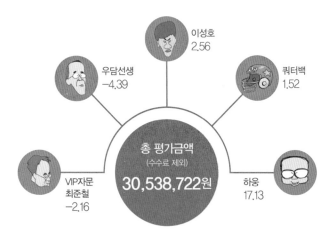

우담선생
−4.39

이성호
2.56

쿼터백
1.52

VIP자문
최준철
−2.16

총 평가금액
(수수료 제외)
30,538,722원

하웅
17.13

허영만 종합수익률	코스피	코스닥
2.93	−0.34	0.36

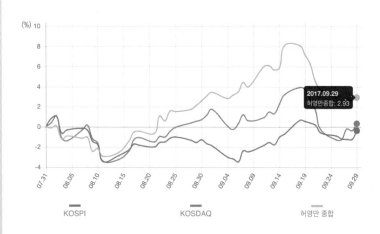

2017.09.29
허영만종합: 2.93

KOSPI   KOSDAQ   허영만 종합

4장

급하게
서두르지 마라

13
거래량 바닥은 주가 바닥의 징조

급하게 서두르지 마라

주가가 바닥에 떨어지기 전에
우선 거래량이 거의 없다.
팔 만큼 다 팔았고 주가가 내려갔으나
찜찜해서 덥석 사지도 못한다.
하향곡선이 완만해지면서 등락이 없다.

이때는 증시가 불투명하다.
주가 바닥을 수시로 확인할 필요가 있다.

급하게 서두르지 마라

거래량은 실체, 주가는 그림자

그림자 먼저 생기고
나무 크는 법은 없다.

나무 먼저 크고 그림자 생긴다.
나무는 거래량, 그림자는 주가이다.

주가가 지지부진하다가 갑자기
거래량이 주욱 늘면서 주가도 뛴다.
이때가 주가 상승 신호이다.

관망하던 투자자들이 웬 떡이냐 싶어
너도나도 팔아치운다.
이때 매수하는 세력도 있다.

파는 쪽은 원인을 모르고 팔지만
사는 쪽은 원인을 알고 산다.

또 이유 없이 거래량이 늘면 경계해야 한다.
특정 세력이 개입했을 가능성도 있다.

이번 주 이슈는 한미 FTA가 되겠습니다.
재협상으로 굳어지고 있는데 이렇게 되면
주식시장의 변화를 어떻게 봐야 할지 의견 주세요.

이성호

협상의 1차 타깃은 자동차가 될 듯하니
자동차 관련주는 보수적으로 접근.

FTA 협상 결과를 최악으로 가정하고도
자동차주가 저평가라고 판단되면
바닥 확인 후 저점 매수.

저평가 판단을 할 수 없으면
타깃이 될 업종은 관망.

한미 FTA로 인해 시장 전체가
흔들리기는 힘들 것으로 보이나
시장 전체가 안 좋아진다면
주식시장 관망 요망.

결국 대응방법은 다른 악재 때랑 유사.

해당 업종은 관망.

해당 업종 저평가 판단되면 보수적 접근.

전체 시장이 흔들리면 현금 비중 높이고
바닥 확인 후 재진입.

추가하자면 갑자기 나온 악재가 아니라면
선반영되어 있는 경우 많음.

하웅

FTA 재협상은 트럼프가 자동차 부분과 철강 부분을 불공정거래로 지목했는데 해당 종목들이 현재 대세 상승 종목들과 동떨어져 있는 기업이 대다수.

현재의 주식 상승장에 주도주인 반도체, 바이오, 전기차(2차전지 관련주) 종목을 매매해야 좋은 수익이 난다고 생각.

FTA가 어찌 되든 그 관련 기업은 매수 자제 권고.

종목 매매 들어갑니다.
10월 2일(월) ~ 10월 6일(금)

그러나 10월 2일(월)은
대체공휴일로 지정되어서
이번 주는 시장이 서지 않았습니다.

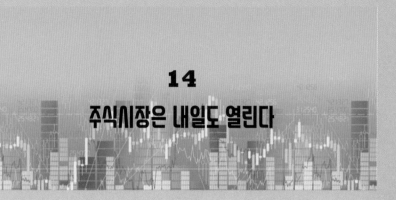

14
주식시장은 내일도 열린다

세계 최고봉
에베레스트 8,848m

수많은 도전자들이 정상 정복을 위해
호시탐탐 노리고 있다.

어렵게 번 돈으로 입산허가를 받고
40일 이상 원정을 떠나기 때문에 모두들 각오가 대단하다.

원정 온 산악인들 모두 의지는 똑같다.

고산 등정에는 여러 가지 난관이 있다.
체력 저하, 고산병, 기상 악화, 눈사태, 설맹, 동료와의 불화 등등으로
등정을 포기하는 경우도 많다.

모든 악조건을 이기고 정상을 눈앞에 두고 있으면
있는 힘을 다해서 등정을 노릴 것이다.
마지막 난관인 힐러리 스텝을 넘으면
많은 산악인이 등정할 수 있다.

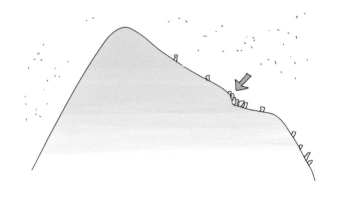

100명이면 100명 다 이런 생각을 할 것이다.

등정하고 귀국하면 세계 최고봉 에베레스트
등정자라는 딱지를 붙이고
평생 명예와 함께 살아갈 것이다.

그러나 희열도 잠시,
하산하다가 바닥난 체력 때문에
가족의 품으로 돌아가지 못하는 경우가 많다.

급하게 서두르지 마라

고산에서는 자신의 몸 하나도
버티기 힘들기 때문에
구조를 바라기 어렵다.

우리나라에서 세 번째로
히말라야 14좌를 완등한
한왕용 대장의 말이다.

주식도 마찬가지다.
확신이 든다고 해서 있는 지금 전부 집어넣고
레버리지까지 써서 베팅하다간
주위에 슬퍼지는 사람이 많이 생긴다.

사려다가 못 샀더니 그 주식이 많이 뛰었다.
물론 속상할 것이다. 그러나 그 주식 말고도
시장에 다른 주식이 얼마든지 있다.
급하게 서두르지 마라.
내일도 장이 열린다.

종목 매매 들어갑니다.
10월 10일(화) ～ 10월 13일(금)

 이성호

와이지엔터테인먼트　04:46

27,250원~27,300원 사이
150만원 매수 요망.

자회사 및 소속 아티스트 악재로 인한
오랜 기간 조정 후 바닥 확인 중.

단기적 기간 조정 예상되나
장기적으로는 상승 여력 충분.

와이지엔터테인먼트는?

양현석이 대표 프로듀서를 맡고 있는 종합 엔터테인먼트 사. 음악 및 기타 오디오물 출판, 신인 아티스트의 육성 및 매니지먼트 등의 사업. 가수 빅뱅, 싸이, 이하이, 악동뮤지션, 에픽하이, 최지우 등과 전속 계약 체결.

- 최대주주 : 양현석 외 19.70%
- 주요주주 :
Great World music Investment Pte. Ltd 9.53%
Shanghai Fengying Business Consultant
Partnership Ltd 7.54%

새벽 4시… 이성호 씨는
정말 건강이 걱정이야.

이상네트웍스

8,290원~8,360원 사이
150만원 매수 요망.

실적 나쁘지 않고 약간의 저평가.

10월 말 출시예정인 카카오 미니
제작에 참여하는 탱그램디자인연구소
자회사인 탱그램팩토리 지분 20% 보유 중.

이상네트웍스는?

보증형 기업 간(B2B) 전자 상거래업체. 인터넷 등
네트워크상에서 다수의 공급업자와 다수의 구매
자 간에 거래할 수 있도록 구축된 온라인 시장인
e-마켓 플레이스를 운영. 전시 컨벤션 사업(건축
자재 전시 분야 1위 업체인 (주)경향하우징의 전시사
업 부문을 2008년 흡수 합병)과 철강 제조 및 판매
업도 영위.

- 최대주주 : (주)황금에스티 외 35.24%
- 주요주주 : MACQUARIEBANK 9.82%,
　　　　　　 CREDITSUISSESECURITIES 5.92%

비츠로테크

5,410원~5,450원 사이
150만원 매수 요망.

실적 대비 저평가 국면.

자회사 비츠로셀의 화재로
상장 유지 불확실성 존재하지만
어느 정도 악재는 반영된 상태.

비츠로테크는?

자동전환 개폐기, 진공차단기/저압차단기, 배전
반 등을 생산하는 전력기기업체. 플라즈마 기술
을 이용한 폐액 처리 및 진공상태 초정밀 접합,
특수정공설계 등을 통한 항공우주 시제품을 생
산하는 특수부문 사업도 영위. 한국항공우주연
구원의 소형 위성 발사체 개발사업에 참여한 바
있고 국내 최초로 액체 로켓 연소기 개발 제작
에 성공. 플라즈마 기술을 이용하여 산업 전반에
발생하는 독성 폐액을 처리하는 폐액 처리사업
과 핵융합 반응을 일으켜 핵융합 에너지를 얻는
KSTAR 프로젝트 사업에 참여한 바 있음.

• 최대주주 : 장순상 외 62.48%

디딤

2,140원~2,160원 사이
150만원 매수 요망.

경쟁사에 비해 직영점 비중 높은
프랜차이즈 기업으로 성장 가능성.

바닥 확인 중으로 약간의
기간 조정은 있을 수 있으나
상승 or 반등 가능 시점.

· 와이지 엔터테인먼트
27,000원 X 55주 = 1,485,000원 체결.

· 비츠로테크
5,416원 X 277주 = 1,500,232원 체결.

· 이상네트웍스
8,360원 X 179주 매수 실패(제시한 금액보다 더 올라 있음).

· 디딤
2,160원 X 694주 = 1,499,040원 체결.

우담선생

뉴욕입니다.

다음 주부터 대응합니다.

얼마 전에도 외국에 계시더니
지금은 뉴욕이시네요.

장 중에 골프도 자주 가시고…

다른 분들과 달리
여유가 있으십니다.

스타일이 여럿 있는데
저는 컴퓨터에 매달려 있는
스타일이 아닙니다. ㅎㅎㅎ

부럽습니다.

급하게 서두르지 마라

부러우시다니!
선생님은 이제 막 호주 40일
여행 끝내셨잖아요!

ㅎㅎㅎ

ㅎㅎㅎ

어쨌든 손실을 어떻게
만회하실지 기대됩니다.

9월 11일(수)

하웅

엔씨소프트 매도.　09:07

······

(주문을 못 봤음)

못 보셨으면 취소합니다.

아! 미팅 중이어서 못 봤습니다.
어떻게 할까요?

일단 매도 취소.

9월 12일(목)

하웅

엔씨소프트

손절매도입니다.

아… 손절…

엔씨소프트
433,500원 X 7주 = 3,034,500원
70,000원 손실.

매도 완료.

총 평가금액 알려주세요.

6,685,571원입니다.

성적 NO.1

9월 13일(금)

13일의 금요일이다!

무슨 일이 일어날지…!

SK하이닉스

보유금액 50% 매수.

86,600원 X 38주 = 3,290,800원
매수 완료!

그런데 SK하이닉스는 지난달에 매수했다가
매도한 종목이고 9월부터 주가가
수직으로 올랐는데 매수하는 이유는?

가는 종목이 계속 가는 장이어서요.

⟨SK하이닉스⟩

삼성전자, 하이닉스,
삼성바이오로직스, 셀트리온을 보세요.

가는 종목이 갑니다.

올라가는 종목이라도
너무 갔는데…

대부분 너무 오른 종목은
주저하고 사지 않는 이유가
오름이 언제 멈출지 몰라서인데…

하웅 씨는 아직도 더 갈 종목으로
판단하고 있네요.

어쨌든 13일의 금요일이
무사히 넘어가길 바랍니다. ㅎㅎ

급하게 서두르지 마라

15
결정적인 순간을 찾아라

세상일 모두에 이 말을 갖다 붙여도
틀린 상황은 없을 것이다.
그중 주식이야말로
결정적인 순간이 매우 중요하다.

급하게 서두르지 마라

3
천
만
원

급하게 서두르지 마라

3
천
만
원

평소 칼을 갈고 있다가
때가 왔을 때 승부해야 한다.

급하게 서두르지 마라

한 번에 모든 것을 걸면 안 된다.
실패하면 모든 것을 잃게 된다.

나누어서 투자하되
확신이 서는 곳에 베팅하라.

TV에서 중계하는 골프 경기를 자주 본 나머지
자신의 실력을 과대평가할 수 있다.
그러나 당신의 핸디캡은 얼마인가?
프로는 0이다.
당신은 15이다.

경계심이 강할 때 시세는 천장을 치지 않는다

급하게 서두르지 마라

주식 시세는 대체로 낙관적인
급등세가 천장을 친다.
따라서 경계심이 강한 시장 분위기는
아직 천장이 아니라는 증거이다.
경계심이 강한 상태에서는
매수 세력이 아직 남아 있다.
기다려야 한다.

급하게 서두르지 마라

이번 주 이슈는 '배당주'로 하겠습니다.
연말 때면 보유주식의 배당금에
관심들이 많습니다. 언제, 어떤 주식을 사고
언제 팔아야 하는지 의견주세요.

VIP자문
최준철

개인투자가 입장에서 배당주 투자의
장점은 크게 두 가지입니다.

첫째, 배당수익률 자체에 많은 의미가
담겨 있습니다.
현금 흐름이 좋고 주주에 대한 태도가 우호적이며
주가가 낮을 때만 배당수익률이 높게 나오기
때문입니다. 간단하면서도 정확도가 높은
효율적 전략입니다.

둘째, 보유하는 동안 배당을 받기 때문에
실질적으로 기회비용을 벌충해주는
효과뿐 아니라 심리적으로도 쪼들리지 않고
장기투자를 할 수 있는 안정감을 갖게 됩니다.

배당주를 확인할 때 봐야 하는 체크포인트.

1) 현금 흐름을 지속적으로 창출할 수
   있는 비즈니스 모델인가.

2) 과거 일관된 배당정책을 실시해왔는가.

3) 주가가 저평가되어 배당수익률이
   충분히 만족스러운가.

일반적으로 고배당 업종은
유틸리티/소비재 등에 많이 분포되어 있고
보통주에 비해 우선주가 할인 거래되므로
보통주보다는 배당수익률이 더 나오는
우선주를 선호합니다.

주요 주주에 외국법인 파트너가 있거나
사모펀드(PEF)가 있으면 배당에
더 적극적이기도 합니다.

"내 유일한 기쁨이 뭔지 아나?
배당을 받는 일이라네."
– 존 록펠러

우담선생

주식투자 :

기본적으로 성장 가능성이 큰 기업의
미래가치에 투자자의 자본을 투자해서
기업의 과실을 공유하고 나누는 것인데
배당투자와 시세차익투자로
구분할 수 있다.

배당투자 :

단순히 배당만을 목적으로 투자한다면
배당락 이후에 주가 회복이 안 되므로
배당수익률이 좀 낮더라도 시장의
중심주 위주로 투자를 하는 것이
1석2조의 효과를 거둘 수 있다.

예를 들어 기본적 분석에서
일부 종목에서는 내재가치가 뛰어난
저 PER주 같은 경우에 배당률은
양호한데 주가는 횡보하거나
오히려 장기 하락하는 경우도 많다.

**쿼터백
자산운용**

저희는 개별기업 투자보다는
ETF를 활용하므로
다른 관점에서 말씀드리겠다.

금리가 낮은 상황에서 안정적인 배당을
지급하는 주식에 투자하는 것은 매력적이다.

ETF를 통해 시장에 많이 알려진 고배당주
외에도 리츠, MLP, 크레디트 채권, 우선주 등
다양한 인컴자산에 투자가 가능하다.

이러한 ETF는 종목에 따라 4~8%의
배당수익률을 제공하므로
매력적 투자대상이 될 수 있다.

다만 이러한 자산들도 가격 변동성이
큰 경우가 있기 때문에 위험을
낮추기 위해서는 다양한 자산군과의
상관관계를 고려한 포트폴리오를
구성해 투자해야 한다.

+

이성호

보통 배당을 많이 하는 기업들은
기본적 분석상 좋은 기업일 확률이 높다.

그리고 유보율이 높으면서 배당을 많이 한다면
주주 친화 경영의 일환으로 배당 말고도 무상증자,
자사주 매입 그리고 소각 등의 정책을 펼칠
가능성도 있기 때문에 장기 투자에 매력적이다.

이와 반대로 기본 분석상 안 좋은
부실주들은 배당도 안 하고,
여러 가지 명목으로 주주 배정
유상 증자 및 감자 등으로 주주에게
불리한 정책이 나올 확률이 높으므로
장기 투자는 조심해야 한다.

배당주 계절에 주가가 올랐다가
배당이 끝나면 주가가 내리는데
이럴 때 개미들의 처신에 대해서는?

투자금이 제한적이고 투자금을
회전시켜야 하는 개인투자자는
배당락 회복이 빠른 주식에
투자하는 것이 유리하다.

배당받겠다고 투자했다가 배당락 이후에 시장에서 소외되고 주가가 횡보, 하락하면 말짱 '도루묵'이다.

지난해 제 경우 제약주에서 현금+주식 배당을 받았는데도 몇 달 후 주가가 급등하는 덕에 큰 수익을 얻었다.

올해 배당주 투자는 12월 중순 이후 업종 대표주, 1, 2월 이벤트주에서 찾아 투자 예정.

배당을 받아서 배당락을 이미 맞았다면 애초에 가장 회복력이 좋은 배당주를 골라야 한다.

배당이 계속 늘어날 개연성이 높은 배당성장주를 사면 베스트인데 선별 작업이 까다롭다.

욕심을 조금 버린다면 고배당주 투자는 장기적으로 필승의 전략이다.

요즘 주가 양극화가 극심하다.

그 가운데 개인투자가들의 뒤늦은 '가는 종목 따라잡기'가 이뤄지고 있어서 결국 역사가 말해주는 대로 그 결과가 좋지 않을까 봐 안타깝다.

"주가 상승은 비관 속에서 태어나
회의 속에서 자라고 낙관 속에서 성숙하며
행복감 속에서 사라진다." – 존 템플턴

종목 매매 들어갑니다.
10월 16일(월) ~ 10월 20일(금)

10월 16일(월)

우담선생

평화산업
전량 시세 매도.

아! 드디어 나타나셨군요.

1,735원 X 3,000주 = 5,205,000원
손실 1,026,000원

9월 15일에 평화산업 3,000주를
6,231,000원에 구입하고
1개월 후 손절매. 흑흑.

우담 오빠, 손실 발생 이유가
무엇이었지요?

1) 매도 타이밍 놓침.

개별 종목 중 가격 상승이 높은 종목은 빠른 매도가 답인데 수익 실현 구간에서 매도 타이밍 놓침.

저도 책임이 큽니다.
통신이 매끄럽지 못한
호주 오지에 있었으니까요.

2) 집중력 부재.

손실을 최소화한 가운데 손절했어야 했는데
외부적 개인 사정으로 대응이 늦었음.

이 바닥이 무서워요.

독자들도 많이 배웠을 겁니다.

하웅

매매 가능하세요?   13:58

옙.

SK하이닉스   14:38

나머지 군자금 통틀어 추가 매수.

아, 13일에는 SK하이닉스가 86,600원이었는데 83,900원… 많이 빠졌습니다.

14:44　83,900원 X 40주 = 3,356,000원 매수 완료.

손절! 손절!　15:37

SK하이닉스

시간 외 종가로 전량 매도.

앗!

이때 영만이는 부산에서 기차로 상경 중이었다.

15:54　매도 주문 넣었습니다.

장 마감 후 4시가 넘으면 시간 외 단일가로 해야 한다는데 일단 4시까지 지켜보겠습니다.

15:56　체결되었습니다.

84,200원 X 78주 = 6,567,600원

13일과 16일에 매수한
SK하이닉스 평균 주가는 85,215원
85,215원 X 78주 = 6,646,770원
따라서 손실 79,170원

포트폴리오 변경해서
재추천하겠음.

오락가락해서 죄송.

인생살이가 항상 (+)만 있나요?
(−)도 있지요. 고생하셨어요.

〈시간 외 종가 매매〉

두 가지가 있다.
① 장 전 시간 외(7:30~8:30)는
   전일 종가로 거래된다.
② 장 후 시간 외(15:40~16:00)는
   당일 종가로 거래된다.

〈시간 외 단일가 매매〉

16:00~18:00까지 10분 단위로
당일 종가 대비 −10% ~ +10%
가격으로 거래된다.

하웅

넷마블게임즈

남아 있는 자금 100% 매수.

164,500원

앗! 몰빵!

164,500원 X 39주 = 6,415,500원
매수 완료!

리니지 레볼루션 북미 출시.

사전 예약자 100만 돌파.

향후 중국 출시.

테라M 게임 11월 국내 오픈.

상장 후 최고가 근처 매물대 소화 중.

실제로 넷마블게임즈 주가는
다음 날 172,500원으로 올랐다.

재미있는 게임이 될 듯.

넷마블게임즈는?

모바일 게임 개발 및 퍼블리싱 사업 영위업체. 넷마블넥서스(주), 넷마블엔투(주), 넷마블네오(주) 등의 게임 개발 자회사가 개발한 게임 등을 퍼블리싱하는 사업을 전문적으로 영위. 주요 게임으로는 리니지II : 레볼루션, 모두의 마블, 세븐나이츠, 레이븐, 마구마구, 차구차구, 아덴, 백발백중 등이 있음.

• 최대주주 : 방준혁 외 25.42%
• 주요주주 :
  CJ E&M 22.02%
  HAN RIVER INVESTMENT LTD 17.71%
  엔씨소프트 6.87%

요즘 양극화 심한 장세.

모두 힘들어합니다.
속절없이 주욱주욱 빠집니다.

16
공격은 최대의 방어

공격은 최대의 방어라는 말은
상대를 보고 해야 하는 말이다.
눈 감고 덤비면 끝장이다.

주식의 본질은 변화와 혼란인데

공격적인 투자가 잘못됐을 때를
생각해보았는가?

3
천
만
원

신중하게 계산하다가

바로 이때다 싶을 때 과감하게 공격한다.

이렇게 됐으면 좋겠지만

공격이 실패했을 때는

신속하게 퇴각하라.

3
천
만
원

퇴각도 작전의 일종이다.

시장이 안 좋을 때는 현금을 보유하고 쉬면서
관망하는 것도 투자의 한 방법이다.
인생은 100m 단거리 달리기가 아니다.
종착점이 없는 마라톤이다.

급하게 서두르지 마라

공들여 바닥을 다지는 주식에 투자하라

주식투자는 욕심을 내면 안 된다.
과격해도 안 된다.
프로복서 메이웨더(Floyd Mayweather Jr.)는
전적이 화려하다.
(50전 50승 26KO)
1패도 없다.

Mayweather.
5월의 날씨.
화창한 봄날이지.

2004. WBC 슈퍼라이트급 세계 챔피언
2006. IBF 웰터급 챔피언
2007. WBC 슈퍼 웰터급 챔피언
2010. WBA 웰터급 챔피언
2015. WBC, WBA 웰터급 통합 챔피언

그러나 메이웨더의 경기는 재미가 없다.
수비형 권투다. 화끈하지 않다.
그의 경기를 좋아하지 않는 복싱팬들도 많다.

그러나 개런티는 천문학적이다.
맥그리거와 대전 때 2,254억을 받았다.

MAYWEATHER

MCGREGOR

메이웨더는 팬들이 재미없어 한다고
자신의 실력 이상으로 절대 무리하지 않는다.

자신보다 주먹이 센 선수랑 정면으로
맞붙는다면 손해 보는 쪽은 정해져 있다.
그렇게 되면 무패의 전적은 금이 가고
명성과 개런티도 뚝 떨어지고 만다.

메이웨더가 상장된 주식회사라면
반드시 여기에 투자해야 한다.
철저하게 계산된 마케팅으로
공을 들여 바닥을 다져서
지금의 메이웨더라는 회사가 된 것이니까.

주식투자를 하다 보면 당연히
손실과 수익이 따라다닌다.

손실이 나면 당황하고 화도 난다.
그나마 여유자금이 있어서
재투자하면 괜찮은데

3
천
만
원

남의 돈까지 끌어들여 투자했다가
손해를 보면 눈에 보이는 것이 없다.
한시바삐 만회할 생각밖에 없다.

10,000원짜리가 지금 5,000원으로
내려갔으니까 더 사 모으면
7,500원짜리로 싸지는 거지.
그러면 조금만 주가가 올라도
본전 찾기가 수월하다는 계산이다.
소위 물타기다!

공들여 꾸려가는 회사 주식을 사라.
공들인 주식의 성공 확률은
비교할 수 없을 정도로 높다.
눈앞의 시세만 보고
욕심을 내는 일은 삼가라.

종목 매매 들어갑니다.
10월 23일(월) ~ 10월 27일(금)

10월 23일(월)

 하웅

넷마블게임즈

50% 매도.

172,000원 X 20주 = 3,440,000원
매도 완료.

수익 150,000원♬

10월 24일(화)

카카오

남은 금액으로 가격 상관없이 매수.

152,5000원 X 20주 = 3,507,500원
매수 완료.

카카오는?

모바일 메신저, 어플리케이션 개발, 모바일 플랫폼 구축 등의 사업을 영위하는 카카오가 인터넷 포털 서비스 업체 다음을 통해 우회상장. 국내 1위 메신저인 카카오톡, 국내 1위 SNS 서비스인 카카오스토리를 포함한 다양한 모바일 서비스를 제공하고 있으며 가입자 대상으로 모바일 게임, 모바일 광고, 모바일 커머스, 모바일 컨텐츠 등의 서비스를 연계하여 수익 창출. 국내 대표 인터넷 포털사이트인 다음의 운영을 통해 검색, 이메일, 커뮤니티 등 다양한 인터넷 기반의 서비스 제공 중. 다음 모바일 웹, 로드뷰 등 스마트폰 확산에 따른 모바일 사업 강화, 모바일 음성인식 검색 서비스도 제공 중. 모바일 결재 서비스 사업 진출. 2016년 3월 음반 기획, 제작, 판매 및 온라인 음원 서비스를 제공하는 (주)로엔엔터테인먼트 지분 76.40% 인수.

• 최대주주 : 김범수 외 36.21%

이성호

와이지엔터테인먼트　09:52

29,000원 전량 매도 주문.

엡. 매도 주문 완료.

매도할 때 주문하는 데 걸리는 시간을
고려했어야 했는데 29,000원에
잠깐 동안 머물렀다 밀려버렸네요.
일단 지켜보죠.

이날 와이지엔터테인먼트 주가가
우리 주문보다 조금 못 미쳐서
미체결.

10월 25일(수)

 이성호

와이지엔터테인먼트 08:50

29,200원 전량 매도 주문 요망.

앗! 어제보다 200원
더 올려서…!

옙. 주문 완료.

10월 26일(목)

와이지엔터테인먼트

29,200원 X 55주 = 1,606,000원
매도 완료.

+121,000원

하웅

카카오

손절매도.

142,000원 X 23주 = 3,266,000원
매도 완료.

−241,500원

넷마블즈

매도.

174,500원 X 19주 = 3,315,500원
매도 완료.

+190,000원

이성호

한창산업

와이지엔터테인먼트
매도 금액만큼 매수.

한창산업

기술적 분석상 현재 실적 대비 약간 저평가 국면.

탈원전 정책 수혜 가능.

2차전지 전해액 개발 재료 있음.

한창산업

7,677원 X 208주 = 1,596,816원
매수 완료.

한창산업은?

아연말, 인산아연, 리튬브로마이드, 제올라이트 등을 생산, 공급하는 업체.
아연말과 인산아연은 선박, 컨테이너, 철 구조물에 사용되는 중방식도료(녹 방지용 페인트)의 제조업체에 기초 원료로 사용되고 있으며 리튬브로마이드는 흡수식 냉/온수기 흡수제로 중앙집중 냉난방장치에 사용됨. 제올라이트는 질소를 선택적으로 흡착하는 분자체로 흡착식 산소 제조장치에 사용됨.

• 최대주주 : 강호익 외 57.31%

보유 내역 알려주세요.

비츠로테크 5,416원 X 277주

디딤 2,160원 X 694주

한창산업 7,677원 X 208주입니다.

비츠로테크는 오래 두고 있네요.

비츠로테크는 지지 확인 필요 시점.

장기차트 저점 상태 확인 중.
추가 급락이면 손절 대응 예정.

비츠로테크가 9월 초에 오른 것이
한미미사일 탄두 중량 제한 해제로
주목받았기 때문에 약간은 전쟁 관련주처럼
묶인 부분이 신경 쓰임.

실시간 모니터링을 안 하다 보니
빠른 손절을 하지 못했음.

10월 20일 반등 때도 원전 관련주로
주목받은 것이 긍정적이지 못함.

다만 기본적 분석상 저평가 기조는
동일하고 저점 이탈을 하지 않은
상태이므로 조금 더 지켜볼 예정.

자회사인 비츠로셀의 화재 복구가
완료되어서 경영 정상화가
빠른 시간에 이루어진다면
비츠로테크도 긍정적 소지 남아 있음.

한창산업 17:08

시간 외 단일가로
192주 매수 주문.

7,560원 X 100주 = 756,000원
100주만 우선 체결.

내일 시초가에
92주 마저 매수 주문.

7,560원 X 92주 = 695,520원
매수 완료.

한창산업 총 400주 보유.

+

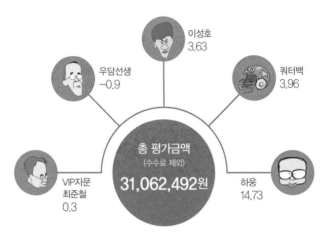

월간 누적 수익률 (10월 1일 ~ 10월 31일)

이성호
3.63

우담선생
−0.9

쿼터백
3.96

총 평가금액
(수수료 제외)
31,062,492원

VIP자문
최준철
0.3

하웅
14.73

허영만 종합수익률	코스피	코스닥
4.34	5.02	6.72

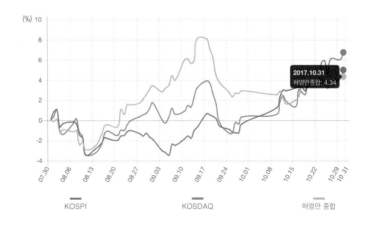

2017.10.31
허영만종합: 4.34

KOSPI   KOSDAQ   허영만 종합

부록

초보인 허영만에게
진짜 초보가 묻다

———

모바일 계좌 만들기와
투자하기

1. 증권계좌는 어디서 어떻게 개설하나요?

– 전에는 증권사 지점이나 은행 창구를 방문해야 하는 번거로움이 있었습니다. 하지만 최근 스마트폰을 통해 계좌 개설이 가능해져, 전 집에서 간편하게 계좌 개설을 했습니다. 신분증(주민등록증, 운전면허증)과 스마트폰, 이용 중인 은행의 보안카드/OTP만 갖고 있으면 3~5분이면 쉽게 개설 가능합니다. 선택한 증권사의 애플리케이션을 스마트폰에 설치하고 실행한 다음, 안내에 따라 진행하면 손쉽게 증권사 계좌를 개설할 수 있습니다.

2. 투자는 어떻게, 얼마 정도면 할 수 있나요?

– 투자는 본인이 투자할 수 있는 금액 안에서 원하는 만큼 할 수 있습니다. 1주 이상 투자를 할 수 있는데, 1주의 금액은 몇 십 원에서 수백만 원까지 천차만별입니다. 그러므로 자신이 투자 가능한 금액을 개설한 증권계좌에 입금하고 투자를 하면 됩니다.

투자는 스마트폰이나 PC에 거래 시스템을 설치하여 직접 거래할 수 있고, 증권사에 전화하여 거래하는 방법도 있습니다. 또한, 투자에 도움이 필요하다면 증권사 영업점을 방문하여 PB와 상담을 통해 주문하거나, 증권사에서 운영하는 투자상담센터를 이용하여 전화 상담하는 방법도 있으니 원하는 방법으로 매매하시면 됩니다. 단, 주식투자는 기업의 가치를 사고파는 일이고 투자 위험도 발생할 수 있으니 주의를 기울여서 매매했으면 합니다.

3. 어떤 증권사가 좋은가요? 그리고 수수료와 세금이 발생한다는데 얼마나 되나요?

– 어려운 질문입니다. 개인적인 생각에 대형 증권사들은 대체로 무난하지 않을까 생각되네요. 저는 ○○증권에서 도움을 많이 받아 ○○증권을 통해 거래하고 있습니다. 투자 초보자인 제가 스마트폰이라는 낮

선 환경에서도 어렵지 않게 이용할 수 있어서 마음에 듭니다. 제가 다른 회사와 거래를 해본 적이 없고, 회사마다 장·단점이 있을 테니 꼭 꼼꼼하게 비교해보길 권합니다.

수수료는 위탁수수료와 증권거래세, 그리고 유관기관수수료가 있습니다. 주식을 매수할 때에는 위탁수수료와 유관기관수수료, 매도할 때에는 매수할 때 부과되는 수수료에 증권거래세가 추가됩니다. 거래세는 세금으로, 어떤 증권사에서 거래하든 동일하게 0.3%가 부과되지만, 거래 금액의 약 0~0.5% 발생하는 위탁수수료와 약 0.004~0.006%의 유관기관수수료는 회사마다 조금씩 차이가 있습니다. 정확한 수수료는 거래하고자 하는 증권사 홈페이지를 확인해주세요.

4. 주식투자로 돈을 벌면 입출금은 어떻게 하나요?

– 주식 매도 주문이 체결되면, 매도한 날의 이틀 후(D+2)에 주식계좌로 돈이 입금됩니다. 입금된 돈은 은행계좌에서의 입출금과 마찬가지로 원하는 다른 금융사 계좌로 자유롭게 이체할 수 있고, 입출금카드를 발급받은 경우에는 ATM기를 이용해서 바로 출금할 수도 있습니다.

5. 온라인으로 직접투자를 하고 싶은데 어떻게 하면 되나요?

– 온라인으로 주식투자를 하는 방법은 크게 두 가지가 있습니다. PC나 노트북과 같은 컴퓨터를 이용하여 HTS(홈트레이딩시스템)을 설치하거나 WTS(증권사 홈페이지)에서 직접 매매를 하는 방법과 가지고 계신 스마트폰/태블릿에 MTS(모바일 트레이딩 시스템)앱을 설치하여 거래하는 방법입니다.

HTS/WTS는 컴퓨터가 이용 가능하다면 큰 화면에서 많은 정보를 보면서 거래가 가능한 장점이 있고, MTS의 경우는 시간과 장소에 구애받지 않고 거래가 가능하다는 장점이 있으니 상황에 맞게 이용하시면 됩니다.

모바일 계좌 만들기와 투자하기

* 화면제공 : 삼성증권

1. 모바일 계좌 개설하기

1. 스마트폰 Play 스토어(안드로이드) 또는 App Store(IOS)에서 개설하려는
   증권사명을 검색하고 애플리케이션을 내려받아 설치 후 실행.

3 천 만 원

1. 모바일 계좌 개설하기

2. 첫 화면에서 '비대면 계좌 개설' 클릭.

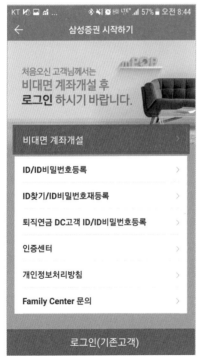

3. 이름과 주민등록번호, 휴대폰 번호 입력 후
   전송받은 SMS 인증번호를 입력하여 휴대폰 본인 확인을 합니다.

3
천
만
원

1. 모바일 계좌 개설하기

4. 신분증(주민등록증 또는 운전면허증)을 촬영하여
   이름과 주민등록번호를 확인 후 사진을 전송합니다.

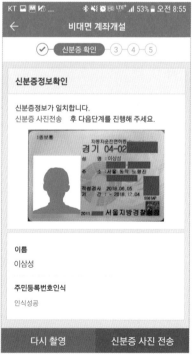

1. 모바일 계좌 개설하기

5. 주소, E-mail, 잔고수령지 등 기본정보를 입력 후
   ID, 계좌개설 약관동의, 계좌 비밀번호를 설정해야 합니다.

1. 모바일 계좌 개설하기

6. 지정하신 타금융기관의 본인명의 계좌로 1원과 인증번호를 보내드립니다.

화면 1

📷 📷 📷 … 📶 🔋 85% ■ 17:11

← 비대면 계좌개설

✓—✓—✓—(타 금융기관 본인계좌 확인)—⑤

타 금융기관 본인계좌 실명 확인

이삼성님 계좌로 1원과 인증번호를 보내드립니다.

인증번호(숫자3자리)는 입금자명에 표시되므로
거래내역 확인 또는 입금통보 SMS를 받으실 수
있는 본인 계좌를 입력하여 주세요.

SAMSUNG 삼성증권	1원 입금 → 인증번호 전송	본인계좌

계좌명

금융기관 [타 금융기관 선택 ▼]

계좌번호 [타 금융기관 계좌번호를 '-'없이 숫자만 입력]

• 반드시 본인명의로 개설된 타 금융기관 계좌만
  확인 가능합니다.
• '본인계좌 실명 확인 서비스'를 적용하지 않은 일부
  금융기관의 계좌는 다음 단계를 진행할 수 없습니다.

[이전] [다음]

화면 2

📷 📷 📷 … 📶 🔋 84% ■ 17:15

← 비대면 계좌개설

✓—✓—✓—(타 금융기관 본인계좌 확인)—⑤

이삼성님의 계좌로 1원을 보내드렸습니다.

KEB하나

1234567891234   [변경]

입금결과   처리중   ↻ 재조회

상기 계좌 거래내역 또는 입금통보 SMS에서
입금자로 표시된 인증번호를 입력해 주세요.

입금자명	입금액
삼성증권 **＊ ＊ ＊** ↓	1원

인증번호 입력

[입금자로 표시된 인증번호(숫자 3자리) 입력]

[이전] [다음]

1. 모바일 계좌 개설하기

7. 계좌 개설이 완료되면 거래용 로그인을 위해
   간편비밀번호를 등록할 수 있습니다.

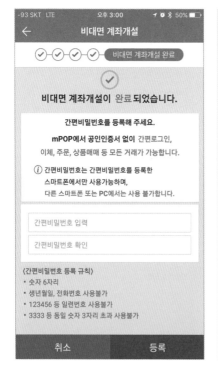

1. 모바일 계좌 개설하기

8. 이제 등록한 인증방법의 비밀번호 입력 후 로그인이 가능합니다.
   간편비밀번호 이용 시 6자리 숫자로 편리하게 로그인됩니다.

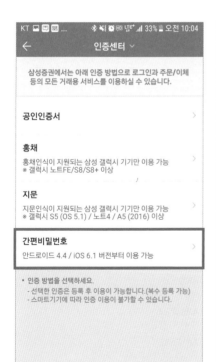

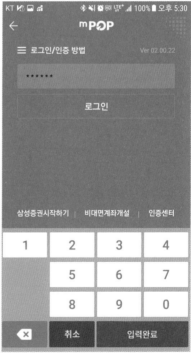

2. 관심종목 설정하기

1. 관심종목을 설정하면 여러 종목의 시세를 빠르게 확인할 수 있습니다.
   화면 하단의 '종목추가'를 눌러 종목을 추가할 수 있습니다.

2. 관심종목 설정하기

2. 등록한 관심종목을 삭제하려면 해당 종목을 2~3초 정도 클릭 후
   왼쪽으로 밀어 종목을 삭제할 수 있습니다.
   위아래로 밀어 종목의 순서도 변경할 수 있습니다.

3. 주식 거래하기

1. 주식주문 화면에서 수량과 단가를 입력 후 매수 버튼을 클릭합니다.
   주문확인창의 주문 확인 버튼을 누르면 매수 주문이 실행됩니다.

3. 주식 거래하기

2. 주문내역은 주식체결내역 화면에서 확인할 수 있습니다.

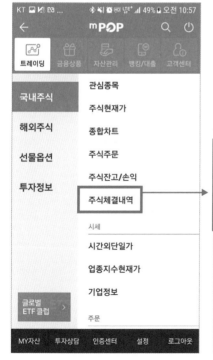

3. 주식 거래하기

3. 매수 주문이 체결되면 주식잔고 화면에 반영됩니다.
   잔고 화면에서 보유종목들과 종목별 평가손익을 확인할 수 있습니다.

종목명	평가손익 수익률	보유수량 평가금액
우리종금	-1,379,000 -24.84%	7,000 4,172,000
대영포장	-2,971,400 -29.83%	8,300 6,988,600
대원화성	1,780 296.67%	1 2,380
미래산업	-306 -40.80%	2 444
코리아나	3,640 223.31%	1 5,270
팜스토리	-580 -31.87%	1 1,240

평가손익 **-8,054,490 원** -26.85%

3. 주식 거래하기

4. 보유종목을 매도하려면 수량 단가를 입력 후 매도 버튼을 클릭합니다.
주문확인창의 주문 확인 버튼을 누르면 매도 주문이 실행됩니다.

3. 주식 거래하기

5. 매도 주문이 체결되면 거래에 의한 손익이 확정되어 주식잔고/손익 화면에서 실현손익 정보를 조회할 수 있습니다. 일정 기간 동안의 손익추이와 종목별 실현 손익을 확인할 수 있습니다.

KT 59% 오후 1:18
주식잔고/손익
7058312568-01
[종합(비대면)] 이상성
예수금
조회
주식잔고 실현손익 당일손익 손익추이
종목/일별/월별
종목
기간
2016-11-19
~ 2017-10-19
종목
실현손익 64,880 원 6.34%
매매일 종목명
순손익금액 수익률
매수단가 매도단가
2017-05-29 KODEX China H 레버리지(H) 620 8.85% 7,000 7,620
2017-06-29 KODEX China H 레버리지(H) 24,404 7.74% 7,000 7,612
2017-07-03 KODEX 레버리지 -5 -0.03% 16,250 16,245
2017-07-03 KODEX China H 레버리지(H) 5,544 7.92% 7,000 7,555
2017-09-07 KODEX China H 레버리지(H) 34,317 5.58% 8,419 8,950
KOSPI 2,470.48 ▼ 12.43 (0.50%) 정규장
관심종목 주식현재가 종합차트 주식주문

KT 59% 오후 1:19
주식잔고/손익
7058312568-01
[종합(비대면)] 이상성
예수금
조회
주식잔고 실현손익 당일손익 손익추이
합계/추이
월별합계
기간
2017-05
~ 2017-07
조회 조건
투자손익 투자손익합 15,568
수익률(%) 3.82%
총평가금액 기초평가금액 407,058
기말평가금액 622,626
주식평가 기초평가금액 401,800
기말평가금액 332,600
매매금액 매수금액 344,100
매도금액 441,965
수수료/세금 28
입금액 200,000
KOSPI 2,469.76 ▼ 13.15 (0.53%) 정규장
관심종목 주식현재가 종합차트 주식주문